이 책의 특징

한자를 많이 알면 공부가 쉬워져요!

공부할 때 한자가 왜 중요할까요? 우리나라 어휘의 60% 이상이 한자로 이루어졌기 때문이에요. 글자를 안다고 해도 뜻을 모르면 의미를 알 수 없고, 의미를 알지 못하면 주제나 문제 의도를 알기 어려워요. 따라서 한자는 단지 외우기 위해 공부하는 것이 아니에요. 한자가 담고 있는 뜻을 통해 의미를 파악하고, 어휘를 제대로 활용하기 위해 공부하는 것이 랍니다.

그래서 이렇게 만들었어요!

1. 《하루 1분 초등 한자 일력 365》에서는 교과서에 많이 나오는 한자어와 책에서 자주 접하는 한자어 총 586개를 담았어요.

2. 학사 일정 또는 법정기념일 등 해당 날짜와 어울리는 어휘를 담아 한자를 자연스럽게 기억할 수 있도록 만들었어요.

3. 한자를 따라 쓸 때 헷갈리지 않도록 획순을 담았어요.

초판 1쇄 발행 2023년 12월 5일

지은이 콘텐츠기획팀
펴낸이 김영조
감수자 콩나물쌤(전병규)
편집 김시연 | **디자인** 이병옥 | **마케팅** 김민수, 조애리 | **제작** 김경묵 | **경영지원** 정은진
일러스트 김수빈(스튜디오 비비) | **외주디자인** 권규빈
펴낸곳 싸이클 | **주소** 서울시 마포구 양화로7길 44, 3층
전화 (02)335-0385/0399 | **팩스** (02)335-0397
이메일 cypressbook1@naver.com | **홈페이지** www.cypressbook.co.kr
블로그 blog.naver.com/cypressbook1 | **포스트** post.naver.com/cypressbook1
인스타그램 싸이프레스 @cypress_book | 싸이클 @cycle_book
출판등록 2009년 11월 3일 제2010-000105호

ISBN 979-11-6032-218-7   12590

- 이 책은 저작권법에 따라 보호를 받는 저작물이므로 무단 전재 및 무단 복제를 금합니다.
- 책값은 뒤표지에 있습니다.
- 파본은 구입하신 곳에서 교환해 드립니다.
- 싸이프레스는 여러분의 소중한 원고를 기다립니다.

싸이은 싸이프레스의 어린이 도서 브랜드입니다.

이 책의 구성

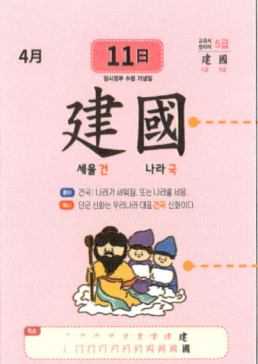

- 한자가 큼직하게 쓰여 있어서 한자 어휘를 한눈에 파악할 수 있어요.

- 한자의 의미를 이해할 수 있는 그림이 있어서 오랫동안 기억할 수 있어요.

- 한자교육진흥회 교과서 한자어 급수와 한국어문회 급수가 쓰여 있어서 한자의 난도를 알 수 있어요.

- 각 한자가 들어간 다른 어휘를 소개하여 어휘력을 키울 수 있어요.

- 획순이 있어서 어려운 한자도 차근차근 따라 써 볼 수 있어요.

감수자 소개

* **콩나물쌤(전병규)**

《하루 1분 초등 한자 일력 365》를 감수해 주신 콩나물쌤은 서울교육대학교 초등교육과와 동 대학원 초등영어교육과를 졸업했어요. 초등학교에서 20년 동안 학생들을 가르쳤으며, 19만 팔로어를 보유한 인플루언서이기도 해요. 유튜브와 인스타그램에서 '콩나물쌤'이라는 필명으로 활동하고 있습니다.
지은 책으로는 《문해력 수업》, 《우리 아이 문해력 독서법》, 《콩나물쌤의 문해력 꽉 잡는 한자어 수업》이 있으며, 아이들이 살아가면서 마주할 어휘의 뜻을 짐작하고 제대로 활용할 수 있도록 돕는 데 힘쓰고 있답니다.

유튜브 www.youtube.com/@congssem
인스타그램 www.Instagram.com/congssem/
카페 cafe.naver.com/congssem
블로그 blog.naver.com/truebk1981

12月 **31日** 年 末
8급 5급

年末

해 **년(연)**   끝 **말**

풀이 연말: 한 해의 마지막 무렵.
예시 **연말**에는 시골에 계신 할머니께 연하장을 보내야겠다.

획순   ノ ヶ 仁 仨 年 年
         一 二 キ 末 末

한자 선정 및 감수 기준

1 한자교육진흥회에서 정한 교과서 한자어와 초등학교 교과서에 나오는 어휘, 법정기념일과 관련된 어휘로 선정했습니다.

2 개별 한자에 대한 급수는 한국어문회를, 한자교육진흥회에서 발췌한 교과서 한자어는 해당 기관의 급수를 표기했습니다.

3 쉽거나 익숙한 어휘 순으로 정리하되 법정기념일 관련 어휘나 학사 일정에 맞게 정리했습니다.

4 어휘 뜻이 여러 개일 경우 대표 뜻을 앞에, 어휘에 맞는 뜻을 두 번째에 넣었습니다.

5 획순은 네이버 한자사전을 기준으로 하되, 한자의 폰트가 달라 획순이 다른 한자도 있습니다.

6 감수자인 콩나물쌤(전병규)은 어휘 난도를 조절하고, 한자어 의미에 맞도록 한자 뜻을 정리해 주었으며, 초등학생이 이해하기 쉽도록 예문을 다듬어 주었습니다.

올해 다짐

12月 30日

교과서 한자어 4급
報 答
준4급 준7급

報答

갚을 보   대답할 답

풀이와 예시

* 보답: 다른 사람의 친절이나 은혜를 갚음.

나를 키워 주신 부모님에게 **보답**해야 한다.

어휘력 더하기

* 보도(報道): 새로운 소식을 일반 사람들에게 알림.
* 응답(應答): 물음이나 부름에 응하여 대답함.

획순

1月 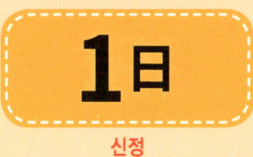 日出
8급 7급

신정

日 出

날 일 　　　　날 출

풀이 일출: 해가 돋음.
예시 일출을 보기 위해 기차를 타고 정동진에 갔다.

획순

丨 冂 冃 日
丨 屮 屮 出 出

12月 | **29日** | 교과서 한자어 **6급**
整 理
4급 　준6급

整理

가지런할 **정**　　다스릴 **리**

풀이 정리: 흐트러져 있는 것을 한데 모으거나 치워서 가지런하게 만듦.

예시 새해가 되기 전 책상을 말끔히 **정리**했다.

획순
一 丅 下 戸 巿 束 束 敕 敕 敕 敕 整 整 整 整
一 二 千 王 尹 玑 珂 玾 理 理 理

1月 　 **2日**　 　父　母
　　　　　　　　　　　　　8급　8급

아버지 부　　　어머니 모

풀이 부모: 아버지와 어머니를 아우르는 말.
예시 **부모**님 보살핌 속에서 건강하게 자란다.

획순
ノ ハ ゲ 父
乚 ㄇ 뮤 母 母

12月 28日

存 在
4급　6급

있을 존　　있을 재

풀이와 예시

* 존재: 실제로 현실에 있거나 그러한 대상.

> 어린이는 모두 소중한 존재다.

어휘력 더하기

* 공존(共存): 두 가지 이상의 물건이나 어떤 일이 함께 있음.
* 잠재(潛在): 능력이나 가능성이 숨어 있음.

획순

一　ナ　オ　右　存　存
一　ナ　オ　右　在　在

1月 3日

三 寸
8급 8급

석 **삼**　　　마디 **촌**

풀이 삼촌: 보통 결혼하지 않은 아버지의 남자 형제를 부르는 말.
예시 오랜만에 만난 **삼촌**이 목말을 태워 주었다.

획순

一 二 三
一 十 寸

12月  根 本
6급 6급

원자력의 날

뿌리 근   근본 본

풀이와 예시

* 근본: 사물이나 현상의 본바탕.

계획이 잘 지켜지지 않았다면, 근본 원인부터 살펴야 한다.

어휘력 더하기

* 근성(根性): 태어날 때부터 가지고 있는 성질.
* 기본(基本): 물건이나 현상 따위를 이루는 바탕.

획순

一 十 才 木 机 机 杆 柜 根 根

一 十 才 木 本

1月 4日 兄 弟
         8급 8급

兄 弟

형 **형**   아우 **제**

풀이 형제: 형과 아우를 아우르는 말.
예시 우리 **형제**는 우애가 깊어서 잘 싸우지 않는다.

획순
丿 冂 口 尸 兄
丶 丷 弓 弟 弟

12月 26日

後 世
준7급 준7급

後世

뒤 **후**   인간 **세**

풀이와 예시

* 후세: 다음에 오는 세상. 또는 다음 세대 사람들.

  지구의 자연은 **후세**에게 물려줘야 할 재산이다.

어휘력 더하기

* 후회(後悔): 일이 지난 뒤에 잘못을 깨치고 뉘우침.
* 세속(世俗): 보통 사람들이 살아가는 세상.

획순

後
世

1月　　　**5日**　　　姉 妹
　　　　　　　　　　　4급 4급

姉妹

윗누이 자　　　**누이 매**

풀이 자매: 언니와 여동생.
예시 우리 **자매**는 쌍둥이처럼 꼭 닮았다.

획순

く 女 女 女 女 姉 姉 姉
く 女 女 女 女= 妹 妹 妹

12月  聖 誕
준4급 3급

성탄절

聖誕

성인 성　　　낳을 탄

풀이 성탄: 성인이나 임금 또는 예수의 탄생을 기념하는 날.
예시 12월 25일이 되면, 전 세계가 **성탄**을 기념한다.

획순 一 丆 丆 王 王 耳 耳 耵 聖 聖 聖
　　　丶 亠 言 言 言 言 訁 誕 誕 誕 誕 誕

1月　　**6日**　　小 寒
8급　5급

작을 소　　찰 한

풀이와 예시

* 소한: 24절기 가운데 스물세 번째 절기로 동지와 대한 사이에 있다.

옛날에는 **소한**이 되면 땔감을 더 준비했다.

어휘력 더하기

* 소소(小小): 작고 대수롭지 아니함.
* 세한(歲寒): 설 전후의 심한 추위.

획순

丨 小 小
丶 丷 宀 宀 宀 宀 审 宷 実 実 寒 寒

12月 **24日** 背 景
준4급 5급

背 景

등/뒤 배 볕/경치 경

풀이 배경: 뒤쪽의 경치.
예시 아름다운 배경에서 사진을 찍었다.

획순

1月   **7**日   교과서 한자어 **7급**
分 明
준6급   준6급

分明
나눌/명백하게 할 분   밝을 명

풀이와 예시
★ 분명: 틀림없이 확실함.

의견을 전할 때는 **분명**하게 말해야 한다.

어휘력 더하기
★ 분자(分子): 분수에서 가로줄 위에 있는 수나 식.
★ 투명(透明): 속이 훤히 비치도록 맑음.

획순
丶 八 今 分
丨 冂 冃 日 旫 明 明 明

12月 **23日**

교과서 한자어 **4급**

條 約
4급 　준5급

條 約

가지/조목 **조**　　　맺을 **약**

풀이 조약: 나라끼리 지켜야 할 권리와 의무를 의논해서 정하고 약속함.

예시 세계 평화를 위한 **조약**을 맺었다.

획순
丿 亻 丨 亻 丨 攸 攸 條 條 條
乙 幺 幺 糸 糸 糸 約 約 約

1月　　　8日　　　八 方
8급　준7급

여덟 **팔**　　　모 **방**

풀이 팔방: 동, 서, 남, 북 네 개의 위치와 동북, 동남, 서북, 서남 네 개의 모퉁이를 아우르는 말.
예시 술래가 뛰자 친구들이 사방 **팔방** 흩어졌다.

획순

12月 **22日**

교과서 한자어 **3급**

沐浴
2급 5급

머리 감을 **목**   목욕할 **욕**

풀이 목욕: 머리를 감으며 온몸을 씻음.
예시 날씨가 추워서 온탕에 들어가 **목욕**을 했다.

획순
丶 丶 氵 冫 汁 汁 沐
丶 丶 氵 氵 氿 氿 汶 浴 浴 浴

1月   **9日**   白 雪
                                                 8급 준6급

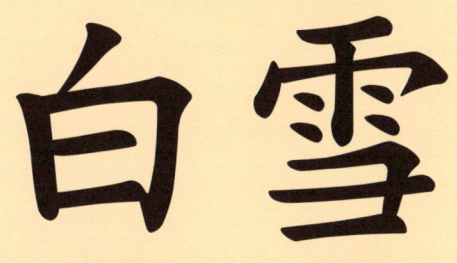

흰 **백**   눈 **설**

풀이 백설: 하얀 눈.
예시 백설에 뒤덮인 마을이 무척 고요해 보였다.

획순
ノ 亻 白 白 白
一 ㄧ 宀 雨 雨 雨 雪 雪 雪 雪

12月 21日　　冬至
7급　준4급

겨울 동　　이를 지

풀이와 예시

* 동지: 낮이 가장 짧고 밤이 긴 날.

선조들은 **동지**가 되면 팥죽을 쑤어 먹었다.

어휘력 더하기

* 엄동설한(嚴冬雪寒): 눈 내리는 깊은 겨울의 심한 추위.
* 지성(至誠): 지극한 정성.

획순

丿 冂 夂 冬 冬
一 丆 云 至 至 至

1月 10日 食 口
준7급 7급

밥 식   입 구

풀이 식구: 한 집에서 함께 살면서 끼니를 함께하는 사람.
예시 할머니는 식구들이 밥 먹는 것만 봐도 배부르다고 하셨다.

획순

12月 20日

교과서 한자어 3급

乾 燥
준3급 3급

乾燥

마를 건　　　마를 조

풀이와 예시

★ 건조: 말라서 습기가 없음.

겨울에는 **건조**해서 화재 위험이 높다.

어휘력 더하기

★ 무미건조(無味乾燥): 재미나 멋 없이 메마름.
★ 초조(焦燥): 애를 태워서 마음을 졸이는 모양.

획순

一 十 十 古 古 古 直 卓 乾 乾 乾

丶 丷 丬 火 灯 灯 灯 炉 炉 炉 燥 燥 燥 燥

1月 **11**日 上 下
준7급 준7급

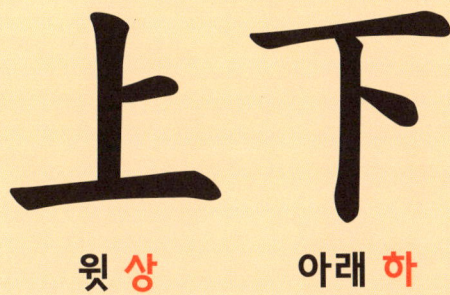

윗 **상**   아래 **하**

풀이 상하: 위와 아래.
예시 팔을 **상하**로 휘저으며 열심히 체조를 했다.

획순

丨 卜 上
一 丅 下

12月 19日

百貨店
7급 준4급 준5급

百貨店

일백 **백**   재물 **화**   가게 **점**

풀이 백화점 : 여러 가지 상품을 분류해서 판매하는 세련되고 커다란 판매점.

예시 선물을 사려는 사람들로 **백화점**이 붐볐다.

획순

一 丁 丆 万 百 百 **百**

丿 亻 彳 化 化 伫 伫 貨 貨 貨 **貨**

丶 亠 广 广 庄 庄 店 **店**

1月   **12**日   冬 季
7급   4급

겨울 **동**   계절 **계**

풀이 동계: 겨울의 시기를 뜻함.
예시 겨울이 되면 **동계** 스포츠인 스키나 스케이팅을 즐기는 사람이 많아진다.

획순
丿 夂 夂 冬 冬
一 二 千 才 禾 季 季 季

12月 **18日**

교과서 한자어 **5급**

轉 學
4급 8급

轉學

구를/옮길 **전**   배울 **학**

풀이 전학: 다니던 학교에서 다른 학교로 옮겨 감.
예시 다른 학교로 **전학**을 가게 됐다.

획순

一 一 厂 戸 戸 亘 亘
車 車 車 斬 斬 転 転
転 転 轉 轉 **轉**

` ´ ´ ´ ´ ´ ´ ´ ´ ´
臼 臼 臼 臼 臼 學 學 **學**

1月 13日

世 上
준7급 준7급

인간 세   윗 상

풀이와 예시

* 세상: 사람이 살고 있는 모든 사회를 통틀어 이르는 말.

세상이 넓은 만큼, 아직 경험해야 할 일이 많다.

어휘력 더하기

* 세대(世代): 같은 시대에 사는 비슷한 나이대의 모든 사람.
* 이상(以上): 수량이나 정도가 기준보다 더 많음.

획순

一 十 卅 卋 世
ㅣ ㅏ 上

12月 **17**日

玉 石
준4급 6급

玉石

구슬 옥 **돌 석**

풀이 옥석: 옥과 돌. 또는 좋은 것과 나쁜 것을 아우르는 말.
예시 **옥석**도 닦아야 빛이 난다.

획순
二 三 千 王 玉
一 ア 丆 石 石

1月  中　心
8급　7급

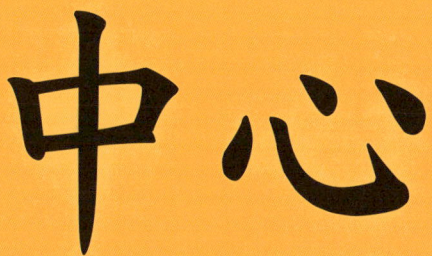

가운데 중　　마음/가운데 심

풀이와 예시

★ 중심: 사물이나 행동에서 한가운데에 있는 중요한 부분.

> 글에서 **중심** 문장 찾는 연습을 했다.

어휘력 더하기

★ 중학교(中學校): 중등 교육을 실시하는 학교.
★ 점심(點心): 정오 무렵 끼니로 먹는 음식.

획순

丨 口 曰 中
丶 心 心 心

12月 16日

秘密
준특급 준4급

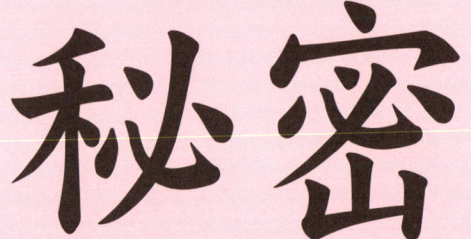

숨길 **비**   빽빽할/몰래 **밀**

풀이 비밀: 남에게 드러내거나 알리지 말아야 할 일.
예시 친한 친구에게 **비밀**을 털어놓았다.

획순
丿 二 千 禾 禾 禾 秒 秘 秘 *秘*
丶 丷 宀 宀 宀 宀 宓 宓 宓 密

1月 　　15日　　　王 子
　　　　　　　　　8급　준7급

임금 왕　　　아들 자

풀이 왕자: 임금의 아들.
예시 세종대왕은 **왕자** 시절 독서를 너무 좋아해서 아버지 태종이 책을 감추기도 했다.

엄마가 나더러 왕자님이래.

획순
一 ニ 干 王
㇇ 了 子

12月 **15日**

出 世
7급 준7급

出 世

날 **출**   인간 **세**

풀이 출세: 사회에서 높은 지휘에 오르거나 유명해짐.
예시 삼촌은 어린 나이에 **출세**했다.

획순

丨 𠂉 㞢 出 出
一 十 丗 丗 世

1月 　　16日　　　　四 方
　　　　　　　　　　　8급　준7급

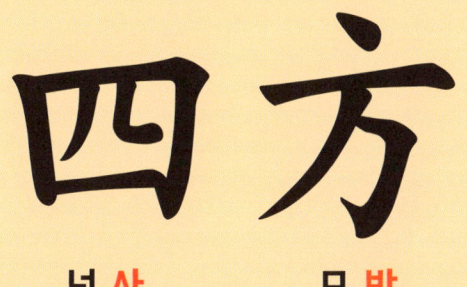

넉 사　　　　　모 방

풀이 사방: 동, 서, 남, 북 네 방위를 이르는 말.
예시 **사방**이 탁 트인 곳에서 신나게 연날리기를 했다.

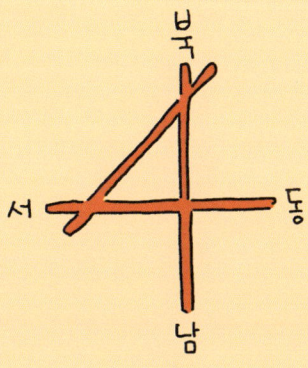

획순
丶 冂 冂 四 四
丶 亠 亠 方

12月 14日 平等 준7급 준6급

평평할 평   무리 등

풀이와 예시

★ 평등: 권리, 의무, 자격 등이 차별 없이 동등함.

법은 누구에게나 **평등**하게 적용해야 한다.

어휘력 더하기

★ 평평(平平): 바닥이 고르고 판판함.
★ 등등(等等): 그 밖의 것을 줄여 나타내는 말.

획순

一 ㄷ ㅍ 프 平
, ㅗ ㅗ ㅆ ㅆ ㅆ 竺 竺 笃 等 等

1月 **17**日 大門
_{8급 8급}

大門

클 **대**   문 문

풀이 대문: 큰 문. 주로 드나드는 출입문.
예시 **대문**을 활짝 열어 손님을 맞이했다.

획순
一 ナ 大
丨 冂 冂 冃 冃 門 門 門

12月 13日

교과서 한자어 5급
區 分
6급 준6급

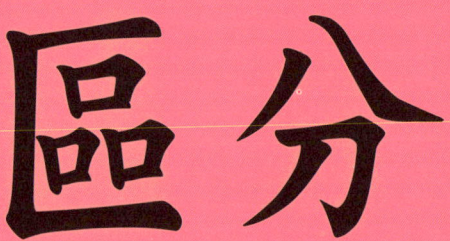

구분할 **구**   나눌 **분**

풀이와 예시

* 구분: 일정한 기준에 따라 전체를 몇 개로 나눔.

바코드는 물건을 쉽게 **구분**하려고 만든 것이다.

어휘력 더하기

* 구역(區域): 갈라놓은 지역.
* 분수(分數): 전체에 대한 부분을 나타내는 수.

획순

一 丁 帀 后 后 侴 局 局 品 區
丿 八 分 分

1月   **18日**   人 間
8급   준7급

사람 **인**   사이 **간**

풀이 인간: 사람을 달리 이르는 말.
예시 **인간**은 누구나 소중하다.

인간은 생각과 언어를 사용해.

획순
ノ 人
丨 ㄟ ㄟ ㄟ ㄟ ㄟ 門 門 門 門 問 問 間

12月 **12日** 薄氷 준3급 5급

薄氷

엷을 **박** 얼음 **빙**

풀이 박빙: 얇게 살짝 언 얼음을 뜻하며, 근소한 차이를 비유할 때 쓰기도 한다.

예시 스케이트 시합은 **박빙**이었다.

획순 一 十 艹 艹 艹 艹 艹 艹 艹 艹 蓮 蒲 蒲 蓮 薄
亅 丿 ㇇ 氷 氷

1月 **19日** 土 地
         8급 7급

土地

흙 **토**   땅 **지**

풀이 토지: 농사를 짓거나 사람이 살아가기 위해 필요한 땅.
예시 농부는 **토지**를 가지고 있어야 농사를 지을 수 있다.

획순
一 十 土
一 十 土 圠 地 地

12月 11日

習 得
6급 　준4급

習得

익힐/배울 **습**　　얻을 **득**

풀이 습득: 학문이나 기술을 배워서 자기 것으로 만듦.
예시 지식을 **습득**하기 위해 열심히 책을 읽었다.

획순

ㄱ　ㄱ　ㅋ　ㅋ¹　ㅋ⁴　羽　羽　習　習　**習**
ノ　ク　彳　彳　彳日　得　得　得　**得**

1月 20日 大 寒
8급 5급

大寒
클 대   찰 한

풀이와 예시

★ 대한: 소한 다음에 오는 절기로, 한 해 가운데 몹시 추운 때.

'**대한** 끝에 양춘이 있다'는 속담처럼 어려운 일을 겪고 나면 좋은 일이 온다.

어휘력 더하기

★ 대중(大衆): 수 많은 사람 무리.
★ 한파(寒波): 겨울철 기온이 갑자기 내려가는 현상.

획순

一 ナ 大

丶 丷 宀 宀 宀 宀 宙 宦 寀 寒 寒 **寒**

12月 **10**日

溫 情
6급 · 준5급

溫情

따뜻할 **온**　　뜻 **정**

풀이 온정 : 따뜻한 사랑이나 인정을 뜻함.
예시 겨울이 되면 어려운 이웃을 위한 **온정**의 손길이 많아진다.

획순
丶丶氵汩汩汩汩汩湿温温溫
丶丶丨丨丨忄忄情情情情情

1月 21日

교과서 한자어 **6급**
自 然
준7급 7급

스스로 자   그럴 연

풀이와 예시

★ 자연: 세상에 스스로 존재하거나 저절로 이루어짐.

> **자연**은 인간이 살 수 있도록 좋은 환경을 준다.

어휘력 더하기

★ 자신(自身): 그 사람의 몸. 또는 바로 그 사람.
★ 우연(偶然): 뜻하지 않게 일어난 일.

획순

′ ⼢ ⾃ ⾃ 自

′ ⼓ ⼣ ⼣ ⼣ ⺨ ⺨ 然 然 然 然 然

12月 **9日**

교과서 한자어 **5급**
團 體
준5급 준6급

團 體

둥글/모일 **단**   몸 **체**

풀이 단체: 같은 목적을 이루기 위해 모인 사람들이 만든 조직.

예시 학교처럼 **단체** 생활을 하는 곳에서는 규칙을 잘 지켜야 한다.

획순

團

體

1月　　22日　　老　人
　　　　　　　　7급　8급

늙을 로(노)　　사람 인

풀이 노인: 나이가 들어 늙은 사람.
예시 **노인**이 돼도 즐겁고 건강하게 살 수 있다.

획순
一　十　土　耂　耂　老
ノ　人

12月 **8日** 慈 善
준3급 5급

慈善

사랑/자비 **자**　착할/선행 **선**

풀이 자선: 남의 어려움을 안타깝게 여겨 도와줌.
예시 좋아하는 가수가 **자선** 공연을 열었다.

획순

1月　　　**23**日　　　道　路
　　　　　　　　　　준7급　6급

道路

길 도　　　**길 로**

풀이 도로: 차가 다닐 수 있도록 만든 넓은 길.
예시 집 앞에 **도로**를 넓히는 공사가 한창이었다.

획순
丶 丷 䒑 产 芐 芮 首 首 渞 道 道 **道**
丶 冂 口 卩 马 足 跀 趵 趵 跻 路 **路**

12月 7日 大雪 8급 준6급

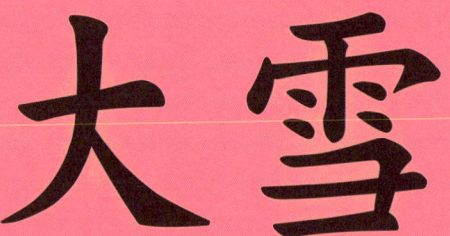

클 대 　 눈 설

풀이와 예시

★ 대설: 아주 많이 오는 눈. 또는 24절기 중 하나.

뉴스에서는 눈이 아주 많이 오면 **대설** 특보를 내보낸다.

어휘력 더하기

★ 대륙(大陸): 넓은 면적을 가지고 있는 육지.
★ 설상가상(雪上加霜): 눈 위에 또 서리가 내린다는 말로, 어려운 일이 자꾸 겹친다는 뜻.

획순

一 ナ 大　　　一 ナ 广 ヂ 乘 乘 雪 雪 雪 雪

1月 **24日**

교과서 한자어 **7급**

午 前
준7급 준7급

午 前

낮 **오** 앞 **전**

풀이 오전: 밤 열두 시부터 낮 열두 시까지의 시간.
예시 방학 때는 **오전**에 학원 수업을 한다.

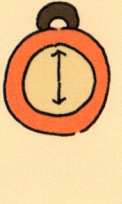

획순
　　　　　　　ノ 一 上 午
　　ヽ ソ 广 广 首 首 前 前

12月 6日 　　교과서 한자어 **3급**

結 晶
준5급 준1급

結晶

맺을/엉길 결　맑을/결정 정

풀이와 예시

★ 결정: 작은 입자가 규칙적인 형태로 모인 물체.

눈 **결정**은 온도와 습도에 따라 달라진다.

어휘력 더하기

★ 연결(連結): 사물과 사물이 이어짐.
★ 수정(水晶): 투명한 돌.

획순

結
晶

1月 25日

교과서 한자어 **6급**

午 後
준7급 준7급

午後

낮 **오**　　　뒤 **후**

풀이 오후: 낮 열두시부터 밤 열두 시까지의 시간.
예시 아버지는 **오후**부터 밤 늦게까지 일하신다.

획순
丿 𠂉 𠂉 午
丿 𠂉 彳 彳 𢓅 𢓅 後 後 後

12月 5日

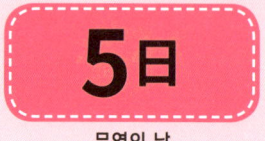

무역의 날

針葉

바늘 **침**   잎 **엽**

풀이 침엽: 바늘처럼 뾰족한 잎.
예시 소나무는 우리나라를 대표하는 **침엽**수다.

획순
ノ 人 트 트 全 全 全 金 金 針
一 十 ++ ++ ++ 芦 苹 苹 笹 葉 葉 葉

1月 **26日** 교과서 한자어 **7급**

時 間
준7급 준7급

時間

때 **시** 사이 **간**

풀이 시간: 시각과 시각의 사이. 또는 어떤 일을 하는 시점.
예시 방학 동안 남는 **시간**을 활용해 한자 급수 시험을 보았다.

획순

｜ ⺆ 日 日‐ 日⁺ 旷 旹 時 時
｜ ｢ ｢ ｢ 門 門 門 問 間 間

12月 4日

교과서 한자어 3급
睡眠
3급 준3급

睡眠

졸음/잠 **수**　　잠잘 **면**

풀이 수면: 잠을 잠.
예시 일정한 시간에 **수면**을 취해야 건강해진다.

획순
丨 丨丨 刂 刂 目 目 目｀ 目´ 目ㅗ 目ㅜ 睡ㅗ 睡ㅜ 睡
丨 丨丨 刂 刂 目 目 目｀ 目´ 眠 眠

1月 **27日**

교과서 한자어 **준5급**
公 共
준6급 준6급

公 共

공평할/여럿 공   함께 공

풀이와 예시

★ 공공: 나라 또는 여러 사람과 두루 관계됨.

경찰이나 소방관은 **공공**의 이익을 위해 헌신한다.

어휘력 더하기

★ 공원(公園): 여러 사람이 쉬거나 놀 수 있도록 꾸민 큰 정원.
★ 공감(共感): 다른 사람의 마음에 대해 자기도 그렇다고 느낌.

획순

丿 八 公 公
一 十 卄 놔 丼 共

12月

3日

소비자의 날

교과서 한자어 **준5급**

農 村
준7급 7급

農 村

농사 **농**　　마을 **촌**

풀이 농촌: 주민 대부분이 농사를 짓는 마을이나 지역.
예시 **농촌**에 젊은 농부들이 많아졌다.

획순
一 冂 曰 曲 曲 曲 芇 芇 芇 農 農 農
一 十 オ 木 木 村 村

1月 28日

勇氣
준6급 　준7급

勇氣

날랠/용감할 용　　**기운 기**

풀이와 예시

★ 용기: 씩씩하고 굳세거나 어떤 것을 겁내지 않는 자세.

옳다고 여긴 일을 실천하기 위해서는 **용기**가 필요하다.

어휘력 더하기

★ 용사(勇士): 용맹스러운 사람 또는 용감한 군사.
★ 정기(正氣): 크고 바른 천지의 기운.

획순

フ マ 乊 乐 乐 吊 甬 勇 **勇**
ノ ⺍ 乞 气 气 气 氕 氣 **氣**

12月 2日

교과서 한자어 **준5급**
都 市
5급 준7급

都 市

도읍/도시 **도**   저자 **시**

풀이 도시: 정치, 경제, 문화의 중심이 되며 사람이 많이 사는 곳.
예시 **도시**에는 높은 건물이 많다.

획순 一 十 土 耂 耂 耂 者 者 者 者 者' 都 都
、 一 亠 市 市

1月 29日

교과서 한자어 **3급**

信 賴
준6급 준3급

信賴

믿을 신   의뢰할/의지할 뢰

풀이 신뢰: 굳게 믿고 의지함.
예시 친구 사이를 오래 유지하려면 신뢰가 있어야 한다.

획순
ノ 亻 亻 伫 佇 信 信 信 信
一 厂 厂 戸 申 東 東 秉 軒 軒 軩 軩 賴 賴 賴 賴

12月 **1日** 교과서 한자어 **6급**
苦 悶
6급 1급

苦悶

쓸/고민할 **고**　답답할/번민할 **민**

풀이 고민: 마음속으로 괴로워하고 애를 태움.
예시 요즘 **고민**이 많아서 마음이 답답하다.

획순
一 十 十 サ 艹 苎 苹 苹 苦
丨 冂 冂 冃 冃 冃 門 門 門 門 悶 悶 悶

1月 **30**日 場所 준7급 7급

場所

마당/장소 **장**　　바/곳 **소**

풀이 장소: 어떤 일이 이루어지거나 일어나는 곳.
예시 약속 **장소**에 도착하니 친구가 먼저 나와 있었다.

획순
一 十 土 圹 圹 圻 坦 坦 場 場 場
丶 彡 厈 所 所 所 所

11月 30日

專 攻
4급 4급

오로지 전　　칠/닦을 공

풀이 전공: 어느 한 분야를 전문적으로 연구함.
예시 아버지는 건축을 전공해 건축 기술자로 일하고 있다.

획순
一 厂 厂 戶 白 車 車 펀 펀 專
一 丁 工 巧 攻

1月　　　**31日**　　　月　末
　　　　　　　　　　　　　8급　5급

月末

달 **월**　　　끝 **말**

풀이 월말: 그달의 끝 무렵.
예시 말일은 학원에서 **월말** 평가를 하는 날이다.

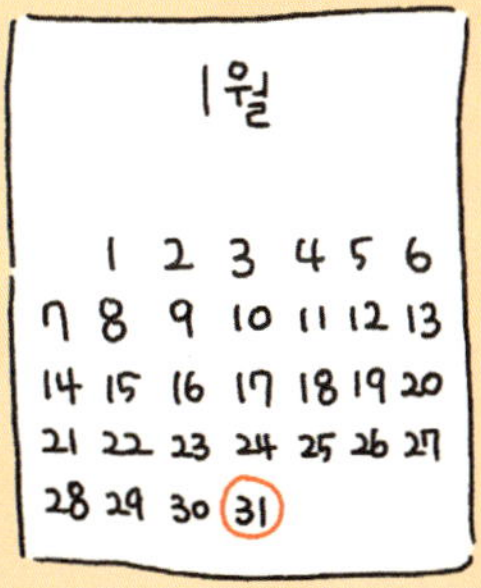

획순
　　ノ 几 月 月
　　一 ニ 丰 才 末

11月 29日

교과서 한자어 **준5급**

話 題
준7급 준6급

話題

말씀 화　　제목 제

풀이 화제: 이야기 제목. 또는 이야깃거리.
예시 기자가 **화제**의 뉴스를 보도하고 있다.

간밤에 일어난 일이 화제입니다.

획순
丶 亠 亠 亠 言 言 言 訁 訐 訐 話 話
丨 冂 曰 旦 昇 昇 昇 是 是 是 題 題 題 題 題 題

2月

1日

교과서 한자어 8급

工 夫

준7급 7급

工 夫

장인 공 **사나이 부**

풀이 공부: 학문이나 기술을 배우고 익힘.

예시 공부를 잘하려면 책상에 오래 앉아 있는 끈기와 집중력이 필요하다.

획순

一 丅 工

一 二 夫 夫

11月 28日 可 能
5급 준5급

可能

옳을/가히 가   능할 능

풀이와 예시

* 가능: 할 수 있거나 될 수 있는 것을 뜻함.

분명 어려운 일이지만 노력하면 **가능**하다.

어휘력 더하기

* 기능(機能): 하는 구실이나 어떤 것에 작용을 함.
* 불가능(不可能): 할 수 없음.

획순

一 丆 乃 叮 可

ㄥ ㄥ ㅗ 쇠 角 育 育 能 能 能

2月 **2日**

교과서 한자어 **7급**
計 劃
준6급 준3급

셀 **계**　　　그을/나눌 **획**

풀이와 예시

★ 계획: 방법, 규모 등을 미리 준비해 두거나 그런 내용.

새로운 학년으로 올라가기 전 공부 **계획**을 세웠다.

어휘력 더하기

★ 계책(計策): 어떤 일을 이루기 위해 방법을 생각해 냄.
★ 기획(企劃): 일을 꾀하여 계획함.

획순

` 一 十 牛 言 言 言 計
一 一 刁 聿 聿 書 書 書 書 畫 畫 劃

11月 27日

교과서 한자어 5급
解 決
준4급 준5급

解決

풀 해   결단할/틔울 결

풀이와 예시

* 해결: 어떤 문제를 잘 풀거나 일을 잘 처리함.

> 문제를 **해결**했더니 마음이 편안해졌다.

어휘력 더하기

* 양해(諒解): 남의 사정을 잘 헤아려 너그럽게 받아들임.
* 판결(判決): 옳고 그름을 판단하여 결정함.

획순

丶 ⺈ ⺈ 厃 角 角 角 甪 觧 觧 解 解 解
丶 冫 氵 汃 決 決 決

2月  決 心
준5급 7급

한국 수어의 날

결단할/결정할 **결**   마음 **심**

풀이와 예시

* 결심: 할 일에 대해 어떻게 하기로 마음을 굳게 정함.

계획을 행동으로 옮길 때는 **결심**이 필요하다.

어휘력 더하기

* 결단(決斷): 결정적인 판단을 하거나 단정을 내림.
* 의심(疑心): 확실히 알 수 없어서 믿지 못하는 마음.

획순

丶 冫 氵 氵 沪 決 決
丶 心 心 心

11月 26日

교과서 한자어 **준3급**

偏 見
준3급 　준5급

偏見

치우칠 **편** 　 볼 **견**

풀이 편견: 공정하지 못하고 한쪽으로 치우친 생각.
예시 나이가 많은 사람이 유행을 모를 거라고 생각하는 것은 **편견**이다.

편견을 버려~!

획순
ノ 亻 𠂉 𠂊 𠂋 伊 伊 偏 偏 偏
一 冂 冂 月 目 貝 見

2月

4日

立 春
준7급 7급

설 **립(입)**   봄 **춘**

풀이 입춘: 24절기 중 하나로 계절상 봄이 시작되는 날.
예시 옛날에는 **입춘**이 되면 봄을 축하하는 글을 써서 대문에 붙였다.

입춘이 됐으니 곧 봄이 오겠지?

획순
丶 亠 亍 立 立
一 二 三 耂 夫 表 表 春 春

11月 **25日**

교과서 한자어 **준5급**

記 事
준7급 준7급

記 事
기록할 기 일 사

풀이 기사: 신문이나 잡지 등에 어떠한 사실을 알리는 글.
예시 신문에는 날마다 새로운 **기사**가 실린다.

획순

2月  天 文
　　　　　　　　　　　　　　　　7급 7급

天文

하늘 **천**　　　글월 **문**

풀이 천문: 우주와 천체의 온갖 현상과 법칙을 알아보는 학문.
예시 달과 별을 좋아해서 **천문**학 공부를 시작했다.

획순
一 二 チ 天
丶 亠 ナ 文

11月 24日

교과서 한자어 **준5급**
資 料
4급 5급

資料

재물/밑천 **자** 헤아릴/거리 **료(요)**

풀이와 예시

★ 자료: 연구나 조사를 위해 필요한 사실들을 모아둠.

사실을 바탕으로 한 정보에는 **자료**가 있다.

어휘력 더하기

★ 자본(資本): 장사나 사업에 기본이 되는 돈.
★ 재료(材料): 물건을 만드는 데 필요한 원료.

획순

資
料

2月 　 6日 　

나라 국 　 백성 민

풀이 국민: 국가를 이루는 사람.
예시 나는 자랑스러운 대한민국 **국민**이다.

획순

11月 23日

교과서 한자어 **3급**

親戚
6급　준3급

親戚

친할 **친**　　친척 **척**

풀이 친척: 친가와 외가를 아우르는 말.
예시 설날 전에 좋아하는 **친척** 동생을 만났다.

획순
丶 亠 立 立 产 辛 亲 亲 新 新 新 親 親 親
丿 厂 厂 厂 戶 戌 戌 咸 戚 戚

2月 **7日** 大 會
8급 준6급

클 **대**   모일 **회**

풀이 대회 : 큰 모임이나 회의.
예시 전국 한자 경연 **대회**에서 상을 받았다.

획순
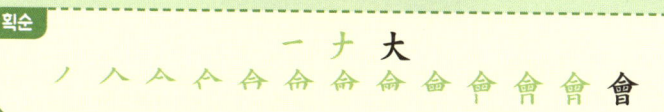

11月 22日

교과서 한자어 5급

合 唱
6급 5급

합할 **합**　　　부를 **창**

풀이 합창: 여러 사람이 목소리를 맞추어 노래 부름.
예시 반 친구가 선생님을 위해 노래를 부르자 하나둘 **합창**하기 시작했다.

획순
ノ 人 亼 亽 合 合
丨 ㅁ ㅁ ㅁ ㅁㅣ ㅁㅁ 吅 唱 唱 唱

2月 8日

교과서 한자어 **6급**
共 通
준6급 6급

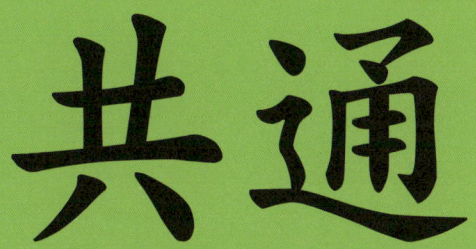

한가지 **공**   통할 **통**

풀이와 예시

★ 공통: 둘 또는 여럿 사이에서 통하고 관계됨.

같은 학년끼리 **공통**된 주제로 토론을 했다.

어휘력 더하기

★ 공유(共有): 함께 소유함.
★ 소통(疏通): 뜻이 서로 통함.

획순

一 十 卄 丗 共 **共**
㇏ ㇏ 了 阝 阝 甬 甬 涌 涌 涌 **通**

11月 21日

論 理
준4급 준6급

論理

논할 론(논) 다스릴/이치 리(이)

풀이와 예시

★ 논리: 말이나 글에서 사고를 이치에 맞게 이끌어 가는 과정.

주장을 펼칠 때는 **논리**가 필요하다.

어휘력 더하기

★ 토론(討論): 여러 사람이 각자 의견을 말하며 논의함.
★ 이론(理論): 논리 정연하게 정리한 정보.

획순

論
理

2月 **9日**

교과서 한자어 **5급**
恭 敬
준3급 준5급

공손할 공   공경 경

풀이와 예시

* 공경: 공손히 받들어 모심.

나는 우리 할아버지를 **공경**한다.

어휘력 더하기

* 공손(恭遜): 말이나 행동이 겸손하고 예의 바름.
* 존경(尊敬): 다른 사람의 인격이나 행동 따위를 받들어 공경함.

획순

一 十 卄 廾 共 共 恭 恭 恭 恭

丶 亠 艹 艹 芍 芍 苟 苟 苟 敬 敬

11月 **20日** 교과서 한자어 **4급**

根 據
6급 4급

根據

뿌리 **근**　　근거 **거**

풀이와 예시

* 근거: 어떤 말이나 일의 내용을 뒷받침해 주는 사실.

의견을 낼 때는 **근거**가 있어야 한다.

어휘력 더하기

* 근원(根源): 사물이 비롯되는 원인.
* 증거(證據): 어떤 사실을 증명할 수 있는 근거.

획순

一 十 才 才 木 木 杧 杞 柉 根 根
一 十 扌 扌 扩 扩 扩 护 拢 掳 掳 據 據

2月 **10日**

舊 正

예 **구**　　　바를/정월 **정**

풀이 구정: 음력 설인 1월 1일. 이에 반해 양력 1월 1일은 신정이라고 한다.

예시 가족과 **구정**을 쇠러 할머니 댁에 간다.

| 획순 | 一 亻 艹 艹 艹 艹 艹 | 一 丁 F |
| | 莋 萑 萑 萑 萑 萑 舊 舊 **舊** | 正 **正** |

11月 19日

교과서 한자어 5급
情 報
준5급 준4급

情報

뜻/실상 **정**   갚을/알릴 **보**

풀이 정보: 관찰이나 측정을 통해 수집한 자료를 정리한 지식이나 자료.

예시 인터넷에는 다양한 **정보**가 있다.

획순

丶 丶 忄 忄 忄 忄 情 情 情 情 **情**

一 十 土 土 幸 幸 幸 幸 報 報 **報**

2月 **11**日

生 日
8급 8급

生 日
날 생 날 일

풀이 생일: 태어난 날. 또는 태어남을 해마다 기념하는 날.
예시 아빠가 생일에 미역국을 끓여 주셨다.

생일이라서 행복하다.

획순
丿 𠂉 ﾉ 牛 生
丨 冂 月 日

11月 18日

교과서 한자어 **5급**
曲 線
5급 준6급

曲線

굽을 곡　　　줄 선

풀이 곡선: 모나지 않고 부드럽게 구부러진 선.
예시 원이나 포물선도 **곡선**이다.

획순
ㅣ ㄇ ㅁ 내 曲 曲
纟 纟 纟 糸 糸 糸' 糽 紗 約 紵 紵 線 線 線

2月 **12日** 生命
8급 7급

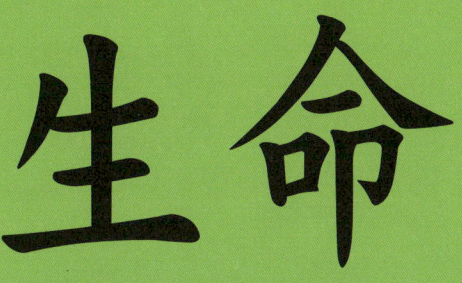

날/살 생   목숨 명

풀이와 예시

* 생명: 사람이 살아서 숨 쉬고 움직일 수 있게 하는 힘.

구조대가 환자의 **생명**을 살렸다.

어휘력 더하기

* 공생(共生): 서로 도우며 함께 살아감.
* 수명(壽命): 생물이 살아 있는 동안의 기간.

획순

ノ 十 﨑 生 生
ノ 人 人 亽 合 合 命 命

11月 **17**日

直 線
준7급 준6급

直線

곧을 **직**   줄 **선**

풀이 직선: 꺾이거나 구부러진 곳이 없는 곧은 선.
예시 **직선**은 선분을 양쪽으로 끝없이 늘인 선이다.

획순
一 十 十 市 直 直 直 直
〈 幺 幺 糸 糸 糸 紅 紗 綸 綿 綿 線 線

2月 **13日** 卒　業
준5급　준6급

卒業

마칠 **졸**　　　업/일 **업**

풀이 졸업: 학생이 정해진 과정을 모두 마치고 학교를 떠남.
예시 사촌 형이 대학을 **졸업**했다.

드디어 졸업이다!

획순 ` ⼀ ㅗ ㅕ ㅗ ㅗ ㅗ ㅗ 卒
ㅣ ㅐ ㅐ ㅐ 业 业 业 业 業 業 業

11月 　 **16日** 　 才 能
　　　　　　　　　　준6급 준5급

才 能

재주 재　　　능할 능

풀이 재능: 어떤 일을 하는 데 필요한 재주와 능력.
예시 나는 식물을 잘 구별하는 **재능**이 있다.

획순
一 才 才
⼂ ⼌ ⼍ 台 台 台 台 能 能 能

2月 14日

착할 선   마음 심

풀이 선심: 선한 마음.
예시 친구에게 선물을 주며 선심을 베풀었다.

획순
丶 丷 丷 耂 芏 美 美 盖 盖 善 善 善
丶 心 心 心

11月 15日

能 力
준5급 준7급

能力

능할 능   힘 력

풀이와 예시

★ 능력: 일을 해낼 수 있는 힘.

사람이 갖고 있는 **능력**은 저마다 다르다.

어휘력 더하기

★ 능통(能通): 사물의 이치를 훤하게 앎.
★ 역량(力量): 어떤 일을 해낼 수 있는 힘.

획순

⼃ ⼂ ⼂ ⼂ ⼂ ⼂ ⼂ ⼂ 能
フ 力

2月 **15日** 　　不 利
　　　　　　　　　　　준7급　준6급

아닐 부(불)　　이로울 리

풀이와 예시

★ 불리: 이롭지 않음.

불리한 일을 겪었을 때 누군가의 도움을 받아야 한다.

어휘력 더하기

★ 불편(不便): 편하지 않고 괴로움.
★ 승리(勝利): 겨루어 이김.

획순

一 丆 不 不
丿 二 千 禾 禾 利 利

11月 　 14日 　 修 能
준4급 　 준5급

修能

닦을 수 　 　 능할 능

풀이와 예시

★ 수능: 대학 수학 능력 시험을 줄인 말.

누나가 올해 **수능**을 치른다.

어휘력 더하기

★ 수련(修練): 인격, 기술, 학문 등을 닦아서 단련함.
★ 지능(知能): 계산이나 문장 작성 등 지적 작업을 해내는 능력.

획순

修
能

2月 　　16日 　　滿 足
　　　　　　　　　준4급 준7급

滿足

찬/가득찰 **만**　　발/넉넉할 **족**

풀이와 예시

★ 만족: 마음에 가득 차서 흡족함.

만족스러운 결과를 얻기 위해 열심히 연습했다.

어휘력 더하기

★ 원만(圓滿): 성격이 모난 데가 없이 너그러움.
★ 흡족(洽足): 모자람 없이 넉넉하여 만족스러움.

획순

丶 亠 氵 汀 汁 泄 泄 泄 满 满 满 满 满 滿
丶 口 口 口 므 무 足 足

11月 13日

교과서 한자어 **3급**
緊 張
준3급 4급

緊張

긴할/팽팽할 **긴**　베풀/당길 **장**

풀이 긴장: 마음을 조이고 정신을 바짝 차림.
예시 시험을 앞두고 **긴장**을 풀기 위해 일찍 잠을 잤다.

긴장을 풀자.

획순

2月 　　　**17**日　　　有 名
　　　　　　　　　　　　7급　준7급

有 名

있을 유　　　**이름 명**

풀이 유명: 이름이 널리 알려짐.
예시 맛있는 음식을 먹기 위해 **유명**한 음식점 앞에서 줄을 섰다.

획순
丿 ナ 才 有 有 有
丿 ク 夕 夕 名 名

11月 **12日** 直立
준7급 준7급

直立

곧을 **직**   설 **립**

풀이 직립: 꼿꼿하게 바로 서다.
예시 5분 동안 **직립** 자세를 유지했다.

획순
一 十 十 古 古 古 直 直
、 亠 立 立 立

2月 　 18日 　 교과서 한자어 **7급**

民 俗
8급　준4급

民俗

백성 민　　　풍속 속

풀이 민속: 옛날부터 민간에서 전해져 내려오는 생활과 관련된 신앙, 풍속, 습관 등의 문화를 통틀어 이르는 말.

예시 방학 때 민속 춤인 탈춤을 배웠다.

획순
ㄱ ㄱ ㄹ 民 民
ノ イ イ 伙 伙 伙 伀 俗 俗

11月 **11日**

농업인의 날

교과서 한자어 **5급**
微 笑
준3급 준4급

微笑

작을 **미**　　　웃음 **소**

풀이 미소: 소리 없이 방긋 웃음.
예시 할아버지 얼굴에는 언제나 **미소**가 가득했다.

획순
丶ノ彳彳彴彿徎徴微微微微 微
ノ𠂉ㅗ㐄竹竹竺竺笑 笑

2月 **19日** 風習 준6급 6급

風習

바람/풍속 **풍**　　익힐 **습**

풀이 풍습: 옛날부터 어떤 사회에 전해 오는 생활 습관.
예시 우리나라는 아기를 낳으면 대문에 금줄을 치는 **풍습**이 있다.

금줄은 신성한 곳임을 알리는 풍습이야.

획순
丿 几 凡 凨 凬 凨 風 風 風
⁻ ⁻ 习 彐 彐 羽 羽 羿 習 習

11月 **10日**   貯蓄
5급 준4급

貯蓄

쌓을 **저**   모을 **축**

풀이 저축: 소득 가운데 일부를 쓰지 않고 모아 둠.
예시 용돈을 모아 **저축**했다.

열심히 저축해야지!

획순
丨 冂 冃 月 月 目 貝 貝 貝` 貯 貯 貯
一 十 卝 艹 艹 兯 苎 荖 荖 荖 蓄 蓄 蓄

2月 **20日**

교과서 한자어 **6급**
順 序
준5급 5급

順序

순할/차례 순   차례 서

풀이와 예시

★ 순서: 정해진 기준에 따라 앞뒤의 차례 관계.

공공장소에서 사람이 많으면 순서를 기다려야 한다.

어휘력 더하기

★ 순리(順理): 이익을 좇거나 순조로움.
★ 서열(序列): 순서대로 늘어섬.

획순

丿 丿 川 厂 厂 厂 順 順 順 順 順
丶 亠 广 庐 序 庐 序

11月 9日

소방의 날

교과서 한자어 **4급**
消 費
준6급 5급

消費

사라질 **소** 쓸 **비**

풀이 소비: 돈이나 시간, 노력 따위를 들이거나 써서 없앰.
예시 마라탕을 사 먹는 데 돈을 다 **소비**했다.

절약해야 하는데, 다 소비해 버렸네.

획순
丶 丶 氵 氵 汁 消 消 消 消
一 口 弓 弗 弗 弗 费 费 费 費

2月　**21**日　　日　記
　　　　　　　　　8급　준7급

日 記

날 일　　　**기록할 기**

풀이 일기: 날마다 그날그날 겪은 일이나 생각, 느낌 들을 적은 기록.
예시 날마다 **일기** 쓰는 습관을 들였더니 글쓰기 실력이 늘었다.

획순
｜ 冂 日 日
丶 亠 亠 言 言 言 訁 訂 記

11月 8日

放電
준6급 준7급

放電

놓을 **방**   번개/전기 **전**

풀이와 예시

★ 방전: 전기를 띤 물체에서 전기가 밖으로 흘러나오는 현상.

휴대전화 배터리가 **방전**돼서 전화를 할 수 없었다.

어휘력 더하기

★ 개방(開放): 문이나 공간을 열어 자유롭게 드나들고 쓰게 함.
★ 전화(電話): 전화기를 이용해 말을 주고받음.

획순

丶 亠 ナ 方 方 圥 放 放
一 厂 厂 币 両 両 両 雪 雪 雪 雷 電

2月 **22日**

교과서 한자어 **4급**
辭 典
4급   준5급

말씀 **사**   법 **전**

풀이와 예시

* 사전: 여러 사항을 모아 약속된 순서로 배열하고 해설을 붙인 책.

모르는 단어가 있을 때는 **사전**에서 찾아야 한다.

어휘력 더하기

* 사설(辭說): 늘어놓는 말이나 이야기.
* 고전(古典): 오랫동안 많은 사람에게 널리 읽힌 예술 작품.

획순

辭
典

11月 7日

立 冬
준7급 7급

설 립(입)   겨울 동

풀이와 예시

* 입동: 24절기 가운데 하나로, 절기상 겨울이 시작되는 때.

입동이 되면 햇곡식으로 떡을 만들어 이웃과 나누어 먹었다.

어휘력 더하기

* 입신양명(立身揚名): 출세해서 이름을 세상에 널리 알림.
* 동백(冬柏): 따뜻한 지방에서 자라며, 빨간 꽃을 피우는 나무.

획순

丶 亠 立 立 立
丿 ク 夂 冬 冬

2月 · 23日

교과서 한자어 **3급**
沒入
준3급 7급

빠질 몰　　들/빠질 입

풀이와 예시

* 몰입: 깊이 파고들거나 빠짐.

10분 동안 제대로 **몰입**하면 1시간처럼 쓸 수 있다.

어휘력 더하기

* 골몰(汨沒): 다른 생각을 할 여유 없이 한 가지에 파묻힘.
* 가입(加入): 단체에 들어가거나 서비스를 얻기 위해 신청함.

획순

丶 冫 氵 氿 汐 沒 沒
丿 入

11月 　　6日 　　　　映 畫
　　　　　　　　　　　　4급　6급

映 畫

비칠 영　　**그림 화**

풀이 영화: 움직이는 대상이나 인물을 카메라로 촬영한 뒤 여러 사람이 볼 수 있도록 만든 영상 예술.

예시 주말에 영화관에서 **영화**를 봤다.

획순
丨 冂 冃 日 日 日 旫 旫 映 映
一 ㄱ 귿 聿 聿 聿 書 書 書 畫 畫

2月

교과서 한자어 **6급**

圓
준4급

圓

둥글 원

풀이 원: 둥글게 그려진 모양이나 형태.
예시 **원**처럼 둥근 보름달을 보고 소원을 빌었다.

획순

丨 冂 冂 冂 冋 冋 冋 冐 圓 圓 圓 圓 圓

11月  商 工 業
5日
소상공인의 날

준5급 준6급 준7급

商工業

장사 **상**　　　장인 **공**　　　업 **업**

풀이 상공업: 물건을 사고 파는 상업과 물건을 만드는 공업을 아우르는 말.

예시 우리나라는 18세기 후반부터 **상공업**이 발달했다.

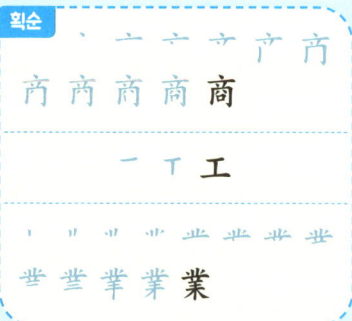

획순

、　一　一　亠　产　产
产　产　商　商　商

一　丁　工

丨　丨　丬　业　业　业　业
业　业　丵　業　業

2月 **25日** 便安 7급 준7급

便安

편할 편　　**편안 안**

풀이 편안: 편안하고 걱정 없이 좋은 상태.
예시 **편안**한 마음으로 잠에 들었다.

역시 내 침대가 가장 편안해.

획순
ノ亻亻仁仁仨俥便
丶丶宀宁安安

11月 4日

點 字
4급 7급

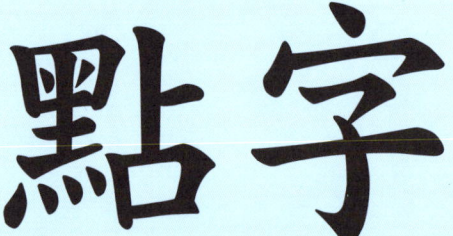

點字

점 **점**   글자 **자**

풀이 점자: 손가락으로 만져서 읽을 수 있게 만든 시각 장애인용 문자.

예시 시각장애인은 **점자**로 된 책을 읽는다.

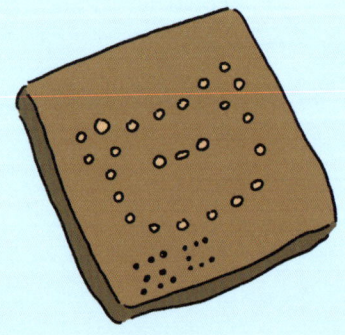

획순
丨 冂 冃 冃 日 旦
甲 里 黒 黒 黑 黑
點 點 點 點

丶 丷 宀 宀 宁 字

2月 26日 努力
준4급 준7급

努力

힘쓸 **노**   힘 **력**

풀이 노력: 목적을 이루기 위해 몸과 마음을 다해 애씀.
예시 방학 동안 한자 5급에 도전하려고 **노력**했다.

획순
乙 爻 女 如 奴 努 努
丁 力

11月

3日

학생독립운동기념일

교과서 한자어 **4급**

臺 本
준3급 6급

臺 本

대/무대 **대**   근본/책 **본**

풀이 대본: 연극이나 영화 제작에 있어서 기본이 되는 글.
예시 방송국 작가가 밤새 **대본**을 썼다.

획순
一 十 士 吉 吉 吉 吉 吉 喜 臺 臺 臺 臺 **臺**
一 十 才 木 **本**

2月 **27日** 弟 子
8급 준7급

弟子
아우 제   아들 자

풀이 제자: 스승으로부터 가르침을 받거나 받은 사람.
예시 훌륭한 스승님을 본받아 좋은 **제자**가 되었다.

획순
丶 丶 丷 丛 弟 弟 弟
一 了 子

11月 2日

交 流
6급 준5급

交流

사귈/서로 교   흐를 유(류)

풀이 교류: 서로 다른 물줄기가 섞여서 흐름. 또는 문화나 사상 등이 통한다는 뜻.

예시 **교류**를 통해 선진 문화를 받아들였다.

획순
亠亠六亣交
丶丶氵氵汁汗汴浐浐流

2月

28日

2.28 민주운동 기념일

교과서 한자어 **6급**
準 備
준4급 3급

準備

준할 준   갖출 비

풀이 준비: 미리 마련해서 갖춤.
예시 새학기 전날 학교 갈 준비를 마쳤다.

획순

`ˋ ˊ ⺡ ⺡ ⺡ 泸 泸 泮 泮 淮 淮 進 準`
`ノ 亻 亻 亻 伊 伊 伊 伊 俌 俌 備`

11月 1日

교과서 한자어 **5급**
基 準
준5급 준4급

基準

터 기　　준할 준

풀이 기준: 어떤 일에 기본이 되는 표준.
예시 태권도 심사 **기준**은 정확한 자세였다.

획순
一 十 卄 廾 甘 其 其 其 其 基 基
丶 冫 氵 氿 氿 汢 浐 浐 淮 淮 準

2月 **29日** 閏 月
　　　　　　　　　　　　　　3급　8급

閏月

윤달 윤　　　달 월

풀이와 예시

★ 윤월: 음력에서 양력과 차이를 줄이기 위해 4년마다 추가한 한 달.

윤월(윤달)은 여벌달 또는 덤달이라고 부르기도 한다.

어휘력 더하기

★ 윤년(閏年): 윤월이나 윤일이 들어 있는 해.
★ 월식(月蝕): 달이 지구 그림자에 일부나 전부가 가려짐.

획순

丨 丨' 丨'' 丨'' 丨'' 門 門 門 門 閏 閏
丿 几 刀 月

10月 **31日** 會 計
준6급 준6급

會 計
모일/회계 회   셀/셈할 계

풀이와 예시

★ 회계: 나가고 들어오는 돈을 따져서 셈함.

경제활동이 이루어지는 곳은 반드시 **회계**가 필요하다.

어휘력 더하기

★ 회사(會社): 이익을 목적으로 하며 상행위를 하는 곳.
★ 통계(統計): 어떤 현상을 한눈에 알기 쉽게 숫자로 나타냄.

획순

丿 八 시 人 슨 仒 슮 슮 侖 侖 會 會 會
丶 亠 亠 言 言 言 言 計

3月 1日
삼일절

교과서 한자어 5급
獨 立
준5급 준7급

홀로 독   설 립(입)

풀이와 예시

★ 독립: 다른 것에 속하거나 의존하지 않은 상태.

1919년 3월 1일은 우리 민족이 **독립**을 외쳤던 날이다.

어휘력 더하기

★ 독도(獨島): 경북 울릉군 울릉읍에 있는 우리나라 섬.
★ 중립(中立): 어느 편에도 치우치지 않음.

획순

獨
立

10月 **30**日 公 正 준6급 준7급

공평할 공 바를 정

풀이와 예시

★ 공정: 공평하고 올바름.

학교든 국가든 조직이 성장하려면 **공정**해야 한다.

어휘력 더하기

★ 공약(公約): 입후보자가 어떤 일에 대해 실행할 것을 약속함.
★ 정의(正義): 진리에 맞는 올바른 도리.

획순

丿 八 公 公
一 丁 下 正 正

3月 **2日**

入 學
7급 8급

入 學

들 입   배울 학

풀이 입학: 학생이 되어 공부하기 위해 학교에 들어감.
예시 **입학**을 하고 나니 학교에 다니는 게 실감 났다.

획순

ノ 入

丶 ㇇ F F F F̌ ȟ ẖ ẖ 臼 臼 舁 斛 與 與 學 學

10月 29日

지방자치의 날

교과서 한자어 **5급**

面 談
7급 5급

낮 **면**　　　말씀 **담**

풀이 면담: 서로 만나서 이야기 함.
예시 선생님께서 **면담**을 하자고 부르셨다.

획순
一 ア 丆 丙 丙 而 面 面 面
丶 亠 言 言 言 言 診 談 談 談 談 談

3月 / 3日

납세자의 날

教科

가르칠 교　　**과목 과**

풀이 교과: 학교에서 교육 목적에 맞게 가르쳐야 할 내용을 체계적으로 짜 놓은 분야.

예시 국어는 모든 **교과**의 기초이다.

획순 ノ メ 彡 幸 孝 考 孝 孝 敎 敎 教
　　　 ノ 二 千 千 禾 禾 科 科

10月 **28日** 교과서 한자어 **5급**
比 率
5급 준3급

比率

견줄 비   비율 률(율)

풀이 비율: 다른 수나 양에 대해 어떤 수나 양을 견주었을 때 수치.
예시 우리나라 인구 중 어린이 **비율**이 줄어들고 있다.

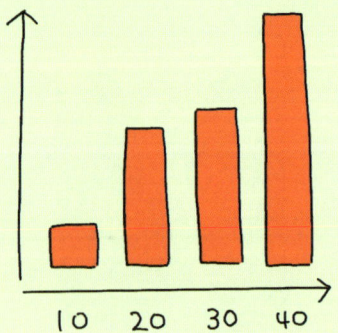

획순
一 ㅏ ㅏ 比
丶 亠 亠 玄 玄 鿃 鿃 鿃 率

3月 　 4日 　 교과서 한자어 **8급**
學 校
8급 8급

學校

배울 **학** 　 학교 **교**

풀이 학교: 일정한 목적과 교과 과정, 시설을 갖추고 학생에게 교육을 실시하는 곳.

예시 학교에서 공부하는 것이 즐겁다.

획순 　 ｀ ｒ ｆ ｆ ｆ ｆ᠊ ᠊ｆ᠊ ੬ ੬ 臼 臼 臼 舁 舁 與 與 學 學 學
一 十 十 才 木 木 杧 杧 杧 杦 校

10月 **27**日   교과서 한자어 **5급**

單 位
준4급   5급

單位

홑 **단**   자리 **위**

풀이 단위: 길이, 무게, 시간 따위 수량을 수치로 나타내는 기초.
예시 무게를 재는 **단위**는 킬로그램(kg)이다.

획순
丶 丷 丷 严 严 严 胃 胃 單 單
丿 亻 亻 仁 仁 位 位

3月 5日

교과서 한자어 **8급**

人 物
8급 준7급

사람 **인**   물건/만물 **물**

풀이 인물: 생김새나 됨됨이로 본 사람 또는 일정한 상황에서 어떤 역할을 하는 사람.

예시 친구는 인물화를 그릴 때 **인물**의 마음을 생각하며 그린다.

획순
ノ 人
ノ ㅗ ㅓ 牛 牜 牞 物 物

10月 **26日**

교과서 한자어 **5급**
選 擇
5급 4급

選擇

고를 **선**   고를 **택**

풀이 선택: 여럿 가운데서 필요한 것을 고름.
예시 딸기와 귤 탕후루 가운데 하나만 선택해야 했다.

선택하기 너무 어려워.

획순

3月 **6日**

교과서 한자어 **8급**
生 活
8급 준7급

生活

날/살 **생**　　　살 **활**

풀이와 예시

* 생활: 사람이나 동물이 일정한 환경에서 활동하며 살아감.

  정돈된 **생활**을 해야 몸도 마음도 반듯해진다.

어휘력 더하기

* 생가(生家): 어떤 사람이 태어난 집.
* 활발(活潑): 생기 있고 힘차며 시원스러운 모습.

획순

丿 ⺊ 广 牛 生
丶 冫 氵 汗 浐 浐 活 活 活

10月  確 固
준4급 5급

독도의 날

굳을 확   굳을 고

풀이와 예시

★ 확고: 태도나 상황 등이 튼튼하고 굳셈.

독도가 우리나라 땅인 것은 **확고**한 사실이다.

어휘력 더하기

★ 확진(確診): 확실하게 진단함.
★ 응고(凝固): 액체 따위가 엉겨서 딱딱하게 굳어짐.

획순

一 丆 ア 石 石 石' 矿 矿 碑 碑 碻 確 確 確
｜ 冂 冂 円 円 固 固 固

3月 7日

교과서 한자어 **8급**
意 見
준6급 준5급

뜻 의   볼/견해 견

풀이와 예시

* 의견: 어떤 대상에 대해 가지는 생각.

다른 사람 의견이 나와 다를 수도 있다.

어휘력 더하기

* 의미(意味): 말이나 글의 뜻.
* 발견(發見): 아직 알려지지 않은 현상이나 사실을 찾아냄.

획순

10月 **24**日
국제연합일

內 實
준7급 준5급

內實

안 **내**　　열매 **실**

풀이와 예시

* 내실: 내부의 사정. 또는 실제 가치나 충실성.

사람은 내실을 다지는 게 더 중요하다.

어휘력 더하기

* 내외(內外): 안과 밖을 아우르는 말.
* 과실(果實): 나무 따위를 가꾸어 얻는 열매.

획순

丨 冂 冂 內
丶 宀 宀 宀 宀 宀 宵 宵 實 實 實 實 實

3月 **8日**

3.8 민주의거 기념일

親 舊

친할 **친** 예/오래 **구**

풀이 친구: 가깝게 지내거나 오래 사귄 사람.
예시 **친구**와 노는 것은 언제나 즐겁다.

10月 23日

교과서 한자어 **준4급**
分 析
준6급 3급

分析
나눌/구별할 분 쪼갤/해부할 석

풀이와 예시

★ 분석: 얽혀 있거나 복잡한 것을 나누어 헤아림.

정신과 의사는 환자의 심리를 **분석**한다.

어휘력 더하기

★ 기분(氣分): 환경에 따라 좋거나 나쁘거나 이상한 마음.
★ 투석(透析): 깨끗한 용액을 피로 흘러보내는 의료 행위.

획순

丿 八 今 分
一 十 十 木 木 朽 析 析 析

3月 | 9日 | 교과서 한자어 7급

教室
8급 8급

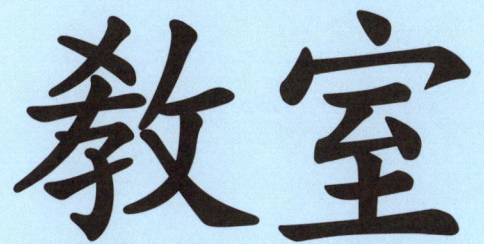

가르칠 교   집/방 실

풀이 교실: 유치원이나 학교에서 학습이 이루어지는 방.
예시 가장 먼저 **교실**에 도착했다.

획순
ノ ㄨ ㄨ 差 孝 孝 孝 孝 孝 敎 敎
丶 丷 宀 宀 宀 宀 宀 宰 室

10月 22日

교과서 한자어 **6급**

儉 素
4급 준4급

儉素

검소할 검 본디 소

풀이 검소: 사치하지 않고 꾸밈없이 순수함.
예시 할머니는 매우 **검소**하다.

획순 ノ 亻 𠆢 伀 伀 伀 佥 佥 俭 俭 儉 儉 儉
一 二 丰 主 丰 害 耒 耒 素 素 素

3月 **10**日

교과서 한자어 **6급**
學 習
8급 6급

學 習
배울 **학**   익힐 **습**

풀이 학습: 배워서 익힘.
예시 **학습** 태도가 좋다고 칭찬받았다.

획순
丶 ㄅ ㄈ ㅌ ㅌ ㅌ 段 段 舆 舆 舆 學 學
フ コ ㄹ ㄹ ㄹ 羽 羽 習 習 習

10月  節 約
준5급 준5급

경찰의 날

節 約

마디/절약 **절**　　맺을/아낄 **약**

풀이 절약: 함부로 쓰지 않고 꼭 필요한 데만 써서 아낌.
예시 쓸 수 있는 에너지가 점점 부족해지기 때문에 모두가 에너지를 **절약**해야 한다.

에너지 절약

획순
` ` ` ` ` ` ` ` ` ` ` ` 節
` ` ` ` ` ` ` ` 約

3月 **11日**

이룰 **성**   길/어른 **장**

풀이 성장: 사람이나 동식물이 자라서 커짐. 또는 사물의 규모나 세력이 점점 커짐.

예시 어린이는 **성장** 속도가 매우 빠르다.

획순

10月 20日

교과서 한자어 **5급**
評 價
4급 준5급

評價

평할 평   값 가

풀이 평가: 물건 값. 또는 사물의 가치나 수준을 헤아려 정함.
예시 그동안 얼마나 발달했는지 **평가**하는 시간을 가졌다.

획순
`丶 亠 亠 言 言 言 言 言 訒 評 評`
`丿 亻 亻 伫 伫 俨 俨 價 價 價 價 價`

3月 　　**12**日 　　　任 員
　　　　　　　　　　　　준5급　준4급

任 員

맡길/맡을 **임** 　　　인원 **원**

풀이 임원: 어떤 단체에 소속해 중요한 일을 맡아보는 사람.
예시 학교 **임원**은 학생들이 즐거운 학교 생활을 할 수 있도록 힘쓰는 역할을 한다.

임원으로서 열심히 해야지.

획순
ノ 亻 亻 仁 任 **任**
丶 口 口 口 冃 冃 冒 員 **員**

10月 　19日　　登山
　　　　　　　　7급 8급

登 山

오를 등　　메 산

풀이 등산: 운동이나 탐험 따위를 위해 산에 오름.
예시 토요일 아침마다 가족과 함께 등산을 한다.

역시 등산은 즐거워.

획순
丁 フ ブ ヲ 癶 癶 癶 癶 登 登 登 登 登
丨 凵 山

3月 13日

교과서 한자어 5급
平素
준7급 준4급

平素

평평할/평상시 평   본디/평소 소

풀이와 예시

★ 평소: 특별한 일이 없는 보통 때.

평소보다 30분 더 책을 읽었다.

어휘력 더하기

★ 평생(平生): 태어나서 죽을 때까지의 시간.
★ 소재(素材): 어떤 것을 만드는 데 바탕이 되는 재료.

획순

10月 18日

교과서 한자어 **5급**
勤 勉
4급 4급

勤勉

부지런할 근   힘쓸 면

풀이와 예시

★ 근면: 부지런히 일하며 힘씀.

우리 민족은 **근면** 성실한 것으로 유명하다.

어휘력 더하기

★ 개근(皆勤): 휴일 외에 빠짐없이 출석함.
★ 면학(勉學): 학문에 힘씀.

획순

一 十 廾 甘 甘 苷 苷 苜 革 菫 勤 勤
丿 ㄱ ㄅ 台 台 刍 免 免 勉

3月 **14日** 교과서 한자어 **6급**

正 直
준7급 준7급

正直

바를 정   곧을 직

풀이와 예시

★ 정직: 마음에 거짓이나 꾸밈 없이 바르고 곧음.

정직한 사람은 잘못을 해도 거짓말하지 않는다.

어휘력 더하기

★ 정도(正道): 올바른 길.
★ 솔직(率直): 거짓이나 숨김 없이 바르고 곧음.

획순

一 丁 下 正 正
一 十 十 古 古 市 直 直

10月 17日 교과서 한자어 4급

矜 持
1급 4급

矜持

자랑할 긍   가질 지

풀이와 예시

★ 긍지: 자신을 믿음으로써 가지는 당당한 마음가짐.

자기 일에 긍지를 가지면, 성공할 확률이 높다.

어휘력 더하기

★ 자긍심(自矜心): 스스로 긍지를 가지는 마음.
★ 지지(支持): 어떤 주장이나 의견에 공감하고 이를 위해 힘씀.

획순

3月  友 情
준5급 준5급

3.15의거 기념일

友情

벗 **우**　　뜻 **정**

풀이 우정 : 친구 사이의 정.
예시 **우정**은 돈으로 살 수 없는 소중한 것이다.

획순
一 ナ 方 友
丶 丷 忄 忄 忄 忄 忄 情 情 情

10月

16日

부마민주항쟁

抗 爭
4급 5급

抗爭

겨룰 **항**   다툴 **쟁**

풀이 항쟁: 맞서 싸움.
예시 시민들의 **항쟁**으로 자유를 되찾았다.

획순

一 亅 扌 扩 扩 抗
' ⺈ ⺈ 乌 争 争 爭

3月   **16日**   天 敵
7급   준4급

天敵

하늘/자연 **천**   대적할/원수 **적**

풀이 천적: 잡아먹히는 동물 입장에서 잡아먹는 동물을 가리키는 말.
예시 진딧물의 **천적**은 무당벌레다.

획순
一 二 干 天
丶 亠 亡 产 产 产 产 商 商 商 商 商 敵 敵 敵

10月  場 面
준7급 7급

체육의 날

場 面

마당 **장**   낯/모습 **면**

풀이 장면: 겉으로 드러난 면이나 벌어진 모습.
예시 어린 시절 친구와 마당에서 놀았던 **장면**이 기억에 남는다.

획순
一 十 土 圠 圠 坦 坦 坦 垾 場 場 **場**
一 丆 丆 丙 而 而 面 **面**

3月 17日

교과서 한자어 **7급**
役 割
준3급 준3급

役割

부릴 **역**　　벨/차지할 **할**

풀이와 예시

* 역할: 자기가 마땅히 해야 할 맡은 바 직책이나 임무.

반장으로서 그 **역할**에 최선을 다했다.

어휘력 더하기

* 악역(惡役): 극에서 악인 역을 맡은 배역.
* 할인(割引): 일정한 값에서 얼마를 뺌.

획순

丿 夕 彳 彳 役 役 **役**
丶 宀 宀 宁 宝 宝 害 害 害 **割**

10月 **14**日

교과서 한자어 **5급**

季 節
4급 준5급

季節

계절 **계**　　마디/절기 **절**

풀이 계절: 되풀이되는 자연 현상에 따라 봄, 여름, 가을, 겨울로 나눔.

예시 가을은 곡식과 과실을 수확하는 **계절**이다.

획순

3月 18日

自 制
준7급 준4급

自 制

스스로 자   절제할 제

풀이 자제: 자기 감정이나 욕망을 스스로 누름.
예시 게임하고 싶은 마음을 **자제**하고, 책을 읽었다.

획순
ˊ ㄥ 冇 自 自 自
ˊ ㄥ ㅡ ㅏ 뜨 뜨 制 制

10月 **13**日

교과서 한자어 **준5급**
音 樂
준6급 준6급

音樂

소리/음악 **음**   노래 **악**

풀이 음악: 박자, 가락, 음성을 조화롭게 해서 듣기 좋게 만든 예술.
예시 나는 바이올린 연주가이자 작곡가인 비발디의 **음악**을 좋아한다.

획순
丶 亠 ㅗ 产 产 音 音 音
丶 ⺊ ⺊ ⺊ 白 伯 绐 幽 樂 樂 樂 樂

3月 **19**日

교과서 한자어 **6급**
對 話
준6급 준7급

對話

대할 **대**   말씀 **화**

풀이 대화: 마주 대한 채로 이야기를 주고받음.
예시 하루에 한 시간 이상 부모님과 **대화**를 나눈다.

획순
丨 丨' 丬 屮 屮 业 业 业 业 丵 丵 對 對
丶 亠 士 亡 宀 言 言 言 訐 訐 話 話

10月 12日

교과서 한자어 **4급**

配 慮
준4급 4급

配 慮

나눌 배   생각할 려(여)

풀이 배려: 도와주거나 보살펴 주려고 애쓰는 마음.
예시 몸이 불편한 사람을 **배려**해야 한다.

획순
一 丆 亓 丙 西 酉 酉 酉 配 配
丶 丶 广 广 卢 虍 虎 虎 虙 虜 慮 慮 慮

3月 **20日** 青 春
　　　　　　　　　　　8급 7급

푸를/젊을 청　　　봄 춘

풀이와 예시

★ 청춘: 십 대 후반에서 이십 대에 걸친 인생의 젊은 시절.

청춘은 봄처럼 눈부시게 아름다운 시간이다.

어휘력 더하기

★ 청소년(靑少年): 9세 이상 24세 이하인 사람을 이르는 말.
★ 춘천(春川): 강원도 서쪽에 있는 도시.

획순

一 二 キ 主 丰 青 青 **青**
一 二 三 弄 夫 表 春 春 **春**

10月 · 11日

교과서 한자어 **3급**
運 搬
준6급 2급

運搬

옮길 **운**   옮길 **반**

풀이와 예시

★ 운반: 물건 따위를 옮겨 나름.

시장에는 짐을 **운반**하는 사람이 따로 있다.

어휘력 더하기

★ 운전(運轉): 기계나 자동차 따위를 움직임.
★ 반출(搬出): 옮겨서 밖으로 냄.

획순

運
搬

3月 **21日** 答 狀
준7급 준4급

答狀

대답 **답**   형상/문서 **장**

풀이 답장: 받은 편지나 문자에 대해 답을 적어 다시 보냄.
예시 친구에게 온 편지에 **답장**을 보냈다.

획순   ノ 　 ト 　 ㅏ 　 ⺮ 　 ⺮ 　 ⺮ 　 竻 　 㗊 　 㗊 　 笒 　 答 　 答
　　　　 丨 　 丬 　 爿 　 爿 　 爿 　 狀 　 狀 　 狀

10月 **10日**
임산부의 날/정신건강의 날

교과서 한자어 **3급**
妊娠
2급 1급

妊娠

임신할 임   아이 밸 신

풀이와 예시

★ 임신: 배 속에 아이나 새끼를 배다.

엄마가 동생을 **임신**했다.

어휘력 더하기

★ 피임(避妊): 임신을 피함.
★ 임산부(妊産婦): 임신한 여자와 갓 아이 낳은 여자를 아우르는 말.

획순

丿 𠃌 女 𡛸 妊 妊 **妊**
丿 𠃌 女 𡛸 妒 妒 妒 娠 **娠**

3月 **22**日 　　勝 敗
　　　　　　　　　　6급　5급

勝 敗

이길 승　　　패할 패

풀이 승패: 승리와 패배를 아우르는 말.
예시 결승전은 승패를 떠나 멋진 경기였다.

획순
丿 刀 月 月 月' 月ˊ 月ˉ 腊 胖 朕 勝 勝
丨 冂 冂 月 目 目 貝 貝 貯 敗 敗

10月  國 語
8급 7급

한글날

國 語

나라 **국**　　　말씀 **어**

풀이 국어: 한 나라 국민이 쓰는 말.
예시 내가 좋아하는 책이 이십여 개 **국어**로 번역되었다.

획순
一 冂 冂 闬 冃 冋 同 同 国 国 国 國
丶 亠 亍 言 言 言 言 訂 話 話 語 語 語

3月 **23日** 農 夫
준7급 7급

農 夫

농사 **농**   사나이 **부**

풀이 농부: 농사를 짓는 사람.
예시 **농부**가 벼농사를 위해 논에 모를 심었다.

획순 丨 冂 曰 向 曲 曲 曲 芦 芦 芦 豊 農 農
一 二 𠂇 夫

10月

8日
재향군인의 날

寒 露
5급 준3급

寒 露

찰 한   **이슬 로**

- **풀이** 한로: 24절기 중 하나. 찬 이슬이 맺히기 시작하는 시기.
- **예시** **한로**가 지나면 제비도 강남으로 간다는 속담이 있다. 이는 제비가 더 추워지기 전에 따뜻한 곳으로 갈 만큼 추워지는 시기임을 뜻한다.

획순

丶 丶 宀 宀 宀 宁 宑
宲 寀 寒 寒 **寒**

一 ㄧ 戸 戸 雨 雨 雨
雲 雲 雫 雫 雫 雫 雫
霰 霰 霰 露 **露**

3月 **24**日 歌手
7급 준7급

노래 **가**   손/사람 **수**

풀이 가수: 노래 부르는 것이 직업인 사람.
예시 좋아하는 **가수**의 노래를 들으면 힘이 난다.

획순 一 丆 丂 可 巪 픠 픅 哥 哥 哥 歌 歌 歌
一 二 三 手

10月 **7日**

교과서 한자어 **6급**
圖 形
준6급 준6급

圖形

그림 **도**   모양 **형**

풀이 도형: 그림의 모양이나 형태.
예시 3학년이 되면 원, 삼각형, 사각형 등 **도형**에 대해 배운다.

획순
丨 冂 冂 冋 冋 图 图 图 图 圖 圖 圖
一 二 干 开 开 形 形

3月 25日

교과서 한자어 **8급**
事 物
준7급 준7급

事物

일 **사**　　　물건 **물**

풀이 사물: 일과 물건을 아우르는 말.
예시 사건 현장에서는 **사물**이 중요한 증거가 될 수 있다.

획순
一 丁 亓 占 宣 写 写 事
丿 匕 牛 牛 牜 牞 物 物

10月 　 **6日** 　 교과서 한자어 **6급**

器 具
준4급 　 준5급

器 具
그릇 **기** 　 　 갖출 **구**

풀이 기구: 그릇, 도구, 기계 따위를 통틀어 이르는 말.
예시 놀이터에는 여러 놀이 **기구**가 있다.

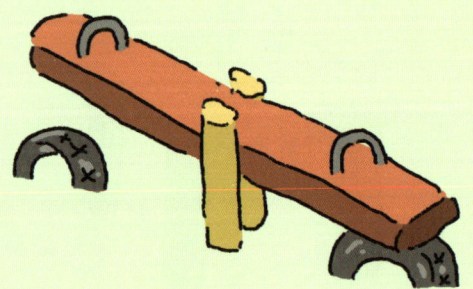

획순 丶 丨 ㅁ ㅁㅁ ㅁㅁ 罒 哭 哭 哭 哭 哭 器 器 器
丨 冂 冂 月 月 且 具 具

3月 **26日**

교과서 한자어 **7급**

安 全
준7급 준7급

편안 안   온전할/무사할 전

풀이와 예시

★ 안전: 위험이나 사고가 날 걱정이 없음.

길을 갈 때는 **안전**을 위해 스마트폰을 끄고 앞을 보며 걸어야 한다.

어휘력 더하기

★ 안정(安定): 바뀌지 않고 일정한 상태를 유지함.
★ 온전(穩全): 본래 그대로 고스란히 있음.

획순

丶 丷 宀 宇 安 **安**
丿 入 仐 全 全 **全**

10月 **5日**

세계 한인의 날

惡 夢
준5급 준3급

악할/나쁠 **악**　　꿈 **몽**

풀이 악몽: 불길하고 무서운 꿈.
예시 악몽을 꾸는 바람에 잠에서 깼다.

악당이 나타나는 악몽이었어.

획순

3月 27日

교과서 한자어 7급
實 感
준5급 6급

實感
열매 실　　느낄 감

풀이와 예시

★ 실감: 실제로 겪은 것처럼 느껴짐.

새 교과서를 보니 3학년 된 것이 **실감** 난다.

어휘력 더하기

★ 현실(現實): 지금 실제로 존재하는 사실.
★ 감각(感覺): 눈, 코, 혀 등을 통해 바깥의 자극을 느낌.

획순

實: 丶 丶 宀 宀 宀 宀 宀 宷 實 實 實 實 實
感: 丿 厂 厂 斤 斤 后 咸 咸 咸 咸 感 感

10月 **4日**

天使

하늘 천   하여금/부릴 사

풀이 천사: 종교에서 신의 뜻을 인간에게 전하는 존재. 또는 선량한 사람을 비유하는 말.

예시 내 짝꿍은 **천사**처럼 착하고 친절하다.

획순
一 二 千 天
ノ 亻 亻 仁 乍 乍 使 使

3月 **28日**

교과서 한자어 **8급**
注 意
준6급 준6급

注意

부을/모을 주　　뜻 의

풀이 주의: 마음에 새겨 두고 조심함.
예시 선생님께서 학교생활할 때 **주의** 사항을 알려 주었다.

생활 주의 사항
1. 뛰지 마세요.
2. 친구를 괴롭히지 않아요.
3. 예쁜 말해요.

획순
丶丶氵氵汗汗注注
一ㅗ਴立产音音音音意意意

10月 **3日**
개천절

開 天 節
6급 7급 준5급

開天節

열 **개**   하늘 **천**   마디/기념일 **절**

풀이 개천절: 우리나라 건국을 기념하기 위해 제정한 국경일.
예시 **개천절**은 단군이 왕검성에 도읍을 정하고 고조선을 건국한 날이다.

획순

一 丁 F F F' 門 門
門 門 門 開 開

一 二 チ 天

丿 人 木 竺 笁 笁 笁
笁 笁 笁 笁 節

3月 **29日**

교과서 한자어 **6급**

友 愛
준5급 6급

友愛
벗 우   사랑 애

풀이 우애: 형제자매 또는 친구 사이의 사랑이나 정.
예시 나는 동생과 **우애**가 좋다.

획순
一 ナ 方 友
丶 丶 丶 丶 丶 丶 丶 丶 丶 愛 愛 愛 愛

10月  實現
준5급 준6급

노인의 날

實現

열매 실　　나타날 현

풀이와 예시

* 실현: 꿈이나 기대를 실제로 이룸.

할머니는 화가가 되겠다는 소녀 시절 꿈을 실현했다.

어휘력 더하기

* 성실(誠實): 꾀를 부리거나 거짓 없이 정성을 다함.
* 현상(現象): 인간이 보고 느낄 수 있는 모양이나 상태.

획순

丶 丶 宀 宀 宁 宙 宙 宲 寍 寍 寍 實 實 實

一 一 T 王 王 刊 邘 玥 珇 現 現

3月 30日

교과서 한자어 **5급**
表 現
준6급 준6급

表現

겉 **표**　　　나타날 **현**

풀이 표현: 생각이나 느낌을 언어나 몸짓 등을 겉으로 나타냄.
예시 시와 그림으로 마음을 **표현**했다.

획순
一 二 キ 主 声 表 表 **表**
一 二 チ 王 刊 珇 珇 珇 珇 **現**

10月  正　答
준7급　준7급

국군의 날

正 答

바를 정　　　대답 답

풀이 정답: 어떤 문제에 대해 올바른 답.
예시 정답을 다 맞혀서 보람을 느꼈다.

획순　一　丁　下　正　正
　　　　　丿　ㅗ　ㅗ　ㅗㅗ　竹　竹　竺　笂　笁　答　答

3月 31日

교과서 한자어 **6급**
最 善
5급 5급

最 善

가장 **최**   착할/좋을 **선**

풀이 최선: 여러 가지 방법 가운데 가장 좋고 훌륭함.
예시 **최선**을 다했더니 좋은 성적을 거두었다.

획순
丨 冂 日 日 旦 昌 昌 昌 昱 最 最 最
丶 䒑 亠 半 羊 羊 養 善 善 善

9月 **30日**

교과서 한자어 **6급**
問 題
7급 준6급

問題

물을 **문**   제목/물음 **제**

풀이 문제: 해답을 얻기 위해 물음.
예시 올해 시험 **문제**는 너무 어려웠다.

문제가 문제네….

획순
丨 冂 冋 冋 冃 冃 門 門 門 問 問 問
丨 冂 日 旦 早 吊 吊 是 是 是 是 題 題 題 題 題 題

4月  花 園
7급 6급

수산인의 날

花園

꽃 **화**   동산 **원**

풀이 화원: 꽃을 심은 동산이나 꽃을 파는 가게.
예시 **화원**에 알록달록 예쁜 꽃이 가득했다.

획순
一 十 卅 花 花 花 花
丨 冂 冂 冃 罔 罔 周 周 園 園 園 園

9月 　　　**29日**　　　試 驗
　　　　　　　　　　　　준4급 준4급

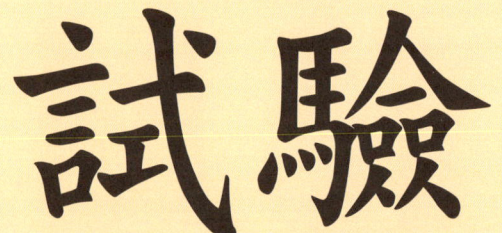

시험 시　　　　시험 험

풀이 시험: 재능이나 실력을 절차에 따라 검사하거나 평가하는 일.
예시 **시험**을 보러 시험장을 찾았다.

한자 실력 급수
자격시험
시험일 : 9월 29일

획순
` ニ 亠 ㄆ 言 言
言 訁 訂 訌 試 試

丨 厂 厂 F 丐 馬 馬
馬 馬 馬' 馿 験 験 験
験 験 験 験 驗

4月 **2日** 科 學
준6급 8급

과목 과   배울 학

풀이와 예시

* 과학: 진리나 법칙을 발견하기 위한 지식. 또는 자연 과학.

인간은 눈부신 과학 발전을 이루었다.

어휘력 더하기

* 과목(科目): 배워야 할 지식이나 경험을 나눈 영역.
* 인문학(人文學): 문학, 철학 등 인간의 문화를 연구하는 학문.

획순

一 二 千 手 禾 禾 彩 彩 科
′ ″ ŕ ŕ″ ŕ″ 臼 臼 臼 舆 學 學 學

9月  暗 記
준4급 준7급

暗記

어두울/외울 **암**   기록할/기억할 **기**

풀이와 예시

★ 암기: 외워서 잊지 않음.

암기를 잘하려면 되풀이해서 읽어야 한다.

어휘력 더하기

★ 암시(暗示): 넌지시 알림. 또는 그런 내용.
★ 기념(記念): 어떤 일이나 사람을 잊지 않고 간직함.

획순

丨 丨 日 日 日 日 旷 旷 旷 晬 晬 暗 暗 暗
丶 二 三 言 言 言 訂 記 記

4月

3日

4.3희생자 추념일

교과서 한자어 **6급**

物 體
준7급 준6급

物體

물건 **물**　　　몸 **체**

풀이 물체: 구체적인 형태를 가지고 있는 물건.
예시 하늘에서 이상한 **물체**가 보였다.

획순

′ ⸝ 牜 牜 牞 物
物 物

丨 冂 冂 叧 严 咼 骨 骨
骨 骨 骨 骨 骨 骨 骨 骨
體 體 體 體 體 體 體

9月 **27日** 深夜
준4급 6급

깊을 **심**　　　밤 **야**

풀이 심야: 깊은 밤.
예시 도시는 **심야**에도 영업하는 가게가 많다.

획순　丶丶氵氵汃汈深泙深深深
　　　丶亠广疒疒夜夜

4月 **4日**

교과서 한자어 **3급**

闊 葉
1급 5급

闊葉

넓을 **활** 잎 **엽**

풀이 활엽: 넓고 큰 잎사귀.
예시 벚나무, 참나무처럼 잎이 넓은 나무를 **활엽**수라고 한다.

획순 丨 冂 冃 冃 門 門 門 門 門 門 閂 閂 閊 閈 闊 闊
　　　一 十 艹 艹 苎 苎 苎 苎 苹 葦 葦 葉 葉

9月 **26日** 丹 楓
준3급 준3급

丹 楓

붉을 단　　**단풍 풍**

풀이 단풍: 계절이 지나면서 붉은빛이나 누런빛으로 변한 잎. 또는 그런 현상.

예시 가을이 되면 산이 단풍으로 울긋불긋 물든다.

획순　　ノ 几 月 丹
一 十 才 木 木 朴 机 机 机 枫 枫 枫 楓 楓

4月 **5日** 植 木 日
식목일 7급 8급 8급

植 木 日
심을 **식** 나무 **목** 날 **일**

풀이 식목일: 나무를 많이 심고 가꾸도록 권하는 날.
예시 가족과 함께 **식목일**에 나무를 심었다.

식목일엔 나무를 심어야지!

획순
一 十 才 木 朾 朾
枯 枯 枯 植 植 植

一 十 才 木

丨 冂 日 日

9月 **25日** 達 成
준4급 준6급

達成

통달할/이룰 달   이룰 성

풀이와 예시

★ 달성: 어떤 일이나 목표를 이루어 냄.

목표를 **달성**하려면 구체적인 계획을 세워야 한다.

어휘력 더하기

★ 발달(發達): 신체, 정서, 지능 따위가 성장하거나 성숙해짐.
★ 성공(成功): 목적하는 바를 이룸.

획순

一 十 土 + 圡 幸 幸 幸 幸 幸 幸 達 達 達
丿 厂 厂 成 成 成

4月 **6日**

교과서 한자어 **5급**
加 熱
5급 5급

加 熱

더할 **가**   더울 **열**

풀이 가열: 어떤 물질에 열을 더함.
예시 지구 온도가 계속 오르자 지구 **가열**이라는 표현이 나왔다.

획순

ㄱ 力 加 加 **加**

一 十 土 去 去 幸 幸 幸 刲 執 執 埶 埶 熱 熱 **熱**

9月 **24日** 目 標
6급 4급

目 標

눈/중요 항목 **목**   표할 **표**

풀이와 예시

★ 목표: 어떤 목적을 이루기 위해 대상으로 삼음.

조금씩 하더라도 날마다 **목표**를 향해 나아가야 한다.

어휘력 더하기

★ 명목(名目): 겉으로 내세우는 이름.
★ 지표(指標): 방향이나 목적 따위를 나타내는 표지.

획순

丨 冂 冃 月 目
一 十 才 木 木 栌 栌 栖 標 標 標 標 標

4月  보건의 날

國會

나라 국　　　모일 회

풀이 국회: 국민의 대표로 뽑힌 국회의원들이 국가의 중요한 여러 사항을 결정하는 곳.

예시 아동 인권에 대한 주제가 국회에서 통과됐다.

획순 ｜ ｎ ｎ ｎ ｎ ｎ ｎ 囗 囯 國 國 國
　　　ノ 人 人 亼 合 命 命 合 侖 侖 會 會 會

9月 **23日** 文 學
 7급 8급

文 學
글월 문   배울 학

풀이 문학: 생각이나 감정을 글로 표현한 예술.
예시 아동 문학에는 동요, 동시, 동화, 아동극 등이 있다.

획순
丶 亠 ナ 文
′ ″ ‴ ⺍ ⺍ ⺍ 闩 闩 臼 臼 臼 舁 與 與 學

4月 8日

速 力
6급 준7급

빠를 속   힘 력

풀이와 예시

★ 속력: 물체의 빠르기를 나타내는 속도의 크기.

자동차가 시속 60킬로미터의 속력으로 달리고 있다.

어휘력 더하기

★ 속도(速度): 물체가 나아가거나 일이 진행되는 빠르기.
★ 체력(體力): 활동을 할 수 있는 몸의 힘.

획순

一 𠂉 𣥂 束 束 束 涑 涑 涑 速
𠃌 力

9月

교과서 한자어 **5급**
太 陽
6급 6급

太 陽

클 태   볕 양

풀이 태양: 태양계 중심이 되는 항성으로 빛을 직접 바깥으로 내보냄.
예시 눈부신 **태양** 때문에 선글라스를 썼다.

획순
一 ナ 大 太
' ｜ ｜ ｜ ｜ ｜ ｜ ｜ ｜ 陽 陽 陽

4月 **9日** 野 生
6급 8급

野生

들 야 날/살 생

풀이와 예시

* 야생: 산이나 들에서 저절로 나서 자람.

> 야생 동물을 보호해야 한다.

어휘력 더하기

* 야채(野菜): 들에서 자라는 나물.
* 생선(生鮮): 먹기 위해 잡은 물고기.

획순

丨 冂 日 日 旦 甲 里 里' 里'' 野'' 野
丿 ㅅ 二 牛 生

9月 **21**日

교과서 한자어 **6급**
特 徵
5급 준3급

特徵

특별할 **특**　　부를 **징**

풀이 특징: 다른 것에 비해 특별히 눈에 뜨이는 점.
예시 판다는 눈이 까맣다는 **특징**이 있다.

획순

4月 **10日**

교과서 한자어 **5급**
選 擧
5급 5급

選擧

가릴/뽑을 **선**　들/선거할 **거**

풀이 선거: 일정한 조직이나 모임에서 대표나 임원을 뽑는 일.
예시 회장 **선거**를 위해 투표를 했다.

획순 選 / 擧

9月 **20日** 思 考
5급 5급

思 考
생각 사   생각할 고

풀이와 예시

★ 사고: 생각하고 궁리함.

독서는 **사고** 능력을 키우는 데 도움을 준다.

어휘력 더하기

★ 역지사지(易地思之): 상대방 입장에서 생각해 봄.
★ 참고(參考): 살펴서 생각함. 또는 살피는 데 도움이 됨.

획순

丿 冂 日 田 田 思 思 思
一 十 土 耂 耂 考

4月

11日

임시정부 수립 기념일

교과서 한자어 5급
建 國
5급 8급

建國

세울 건   나라 국

풀이 건국: 나라가 세워짐. 또는 나라를 세움.
예시 단군 신화는 우리나라 대표 **건국** 신화이다.

획순
フ ヨ ヨ ⺕ ⺕ 聿 聿 律 建
丨 冂 冂 冃 冃 罔 國 國 國 國

9月 **19日** 義 士
준4급 준5급

옳을 의   선비 사

풀이 의사: 나라와 민족을 위해 제 몸을 바쳐 뜻을 알리려고 한 의로운 사람.

예시 윤봉길 **의사**는 우리에게 잘 알려진 독립운동가이다.

획순 ` ゛ ゛ ゛ 丷 半 半 羊 养 养 義 義 義`
一 十 士

4月  國家
8급 준7급

도서관의 날

國 家

나라 **국**   집 **가**

풀이 국가: 사람들이 일정한 땅을 차지하고 정부를 이루어 사는 사회 집단.

예시 **국가**를 이루는 큰 세 가지는 영토, 국민, 주권이다.

획순
丨 冂 冂 冃 同 同 国 国 國 國 國
丶 丶 宀 宀 宀 宁 宁 宇 家 家 家

9月 18日

교과서 한자어 **3급**
啓 蒙
준3급 준3급

啓蒙

열 계   어두울/어리석을 몽

풀이와 예시

★ 계몽: 지식 수준이 낮은 사람을 가르쳐서 깨우침.

좋은 기사는 어리석은 대중을 **계몽**시킨다.

어휘력 더하기

★ 계발(啓發): 슬기나 재능, 생각 따위를 일깨움.
★ 몽매(蒙昧): 어리석고 사리에 어두움.

획순

丶 亠 广 户 戸 戸 所 啟 啟 啓 **啓**

一 艹 艹 艹 艹 莒 莒 莒 蒙 蒙 蒙 **蒙**

4月  民 主
　　　　　　　　　　　　　　　　8급　7급

백성 민　　　주인 주

풀이 민주: 주권이 국민에게 있다는 뜻으로 국민이 권력을 가지고 권력을 스스로 행사하는 제도.

예시 **민주**주의를 지키려면 정치에 관심을 가져야 한다.

획순

9月 **17日** 秋 夕
7급 7급

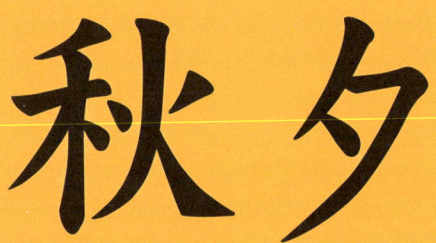

가을/여물 **추**   저녁 **석**

풀이와 예시

★ 추석: 우리나라에서 가장 큰 명절로 음력 팔월 보름날.

조상들은 **추석** 때 춤과 노래를 즐기며 놀았다.

어휘력 더하기

★ 만추(晩秋): 늦은 가을.
★ 석양(夕陽): 저무는 해.

획순

一 二 千 禾 禾 禾 秋 秋
丿 夕 夕

4月 **14日** 風 力
준6급 준7급

風力

바람 **풍** 　　 힘 **력**

풀이 풍력: 바람의 세기. 또는 바람의 힘을 사용하는 동력.
예시 바람이 많이 부는 곳에는 **풍력** 발전기가 많다.

획순
丿 几 凡 凤 凨 凬 風 風 風
フ 力

9月 16日

교과서 한자어 **3급**
保 護
준4급 준4급

保護

지킬 보   도울 호

풀이 보호: 위험하거나 곤란해지지 않도록 잘 살펴 돌봄.
예시 초등학교 앞 횡단보도는 어린이 **보호** 구역이다.

4月 **15日** 眞 心
준4급 7급

참/진실 진   마음 심

풀이와 예시

* 진심: 거짓이 없는 참된 마음.

사과할 때는 **진심**을 담아야 한다.

어휘력 더하기

* 진실(眞實): 거짓이 아닌 사실.
* 이심전심(以心傳心): 마음이 서로 통함.

획순

丶 匕 匕 乍 乍 乍 乍 盲 盲 眞 眞

丶 心 心 心

9月 **15日**

교과서 한자어 **5급**
陸 地
준5급 7급

陸地

뭍 **륙(육)**　　땅 **지**

풀이 육지: 물에 덮이지 않은 지구의 겉면.
예시 해수면 상승으로 **육지**가 물에 잠기는 곳이 늘고 있다.

획순
′ ′ ″ ″ ″ ″ ″ 陸 陸 陸 陸 **陸**
一 十 土 圠 地 **地**

4月 **16日** 歲 月
준5급 8급

해/세월 **세** 달/세월 **월**

풀이와 예시

✱ 세월: 흘러가는 시간.

하루하루가 쌓여 **세월**이 된다.

어휘력 더하기

✱ 연세(年歲): 나이의 높임말.
✱ 월간(月刊): 한 달에 한 번씩 나오는 책.

획순

丨 卜 止 歩 产 芦 芦 芦 芦 芦 歳 歳 歲
丿 刀 月 月

9月 14日

교과서 한자어 **준5급**

地 圖
7급 | 준6급

땅 **지**   그림 **도**

풀이 지도: 지구 표면을 일정한 비율로 줄여 평면에 나타낸 그림.
예시 오늘날 **지도**는 실제 거리 모습이나 교통 상황 등을 알려 준다.

획순
一 十 土 圵 地 地
丨 冂 冂 冂 冋 冋 圕 圖 圖 圖 圖 圖 圖

4月

교과서 한자어 **6급**
種 類
준5급 준5급

種類

씨/종류 **종**　　무리/나눌 **류**

풀이 종류: 사물의 부문을 나누는 갈래.
예시 미숫가루는 여러 **종류** 곡식을 가루로 만든 우리나라 전통 식품이다.

획순
丶 一 千 千 禾 禾 秆 秆 秆 秤 稍 種 **種**
丶 丶 丶 丷 半 米 米 米 料 类 类 類 類 類 **類**

9月 **13日**

數 學
7급　8급

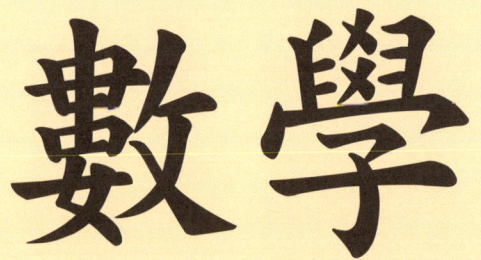

셈 **수**　　배울/학문 **학**

풀이 수학: 수량 및 공간의 성질에 관해 배우는 학문.
예시 숫자나 모양과 친해지면 **수학**을 잘할 수 있다.

획순

4月 **18**日

교과서 한자어 **6급**
溫 度
6급 6급

溫度

따뜻할 **온**　　법도/정도 **도**

풀이 온도 : 따뜻함과 차가움의 정도.
예시 뜨거운 물 **온도**를 낮추기 위해 찬물을 섞었다.

온도 좀 낮춰야지.

획순 氵氵氵汨汨汨汨渭渭温温溫
广广广庐庐庐度

9月 **12日**

符號

부호 **부** 이름/기호 **호**

풀이 부호: 일정한 뜻을 나타내기 위해 정해서 쓰는 기호.
예시 대화로 된 문장에는 따옴표, 느낌표 등의 **부호**가 쓰인다.

"나는 네가 좋아!"

획순

4月 **19日**

4.19혁명 기념일

穀雨

곡식 곡   비 우

풀이 곡우: 24절기 중 하나. 봄비가 내려서 온갖 곡식이 윤택해지는 시기.

예시 곡우에는 모든 곡식이 잠에서 깬다.

획순
一 十 土 卢 坴 吉 壳 壹 竽 竽 竽 竽 穀 穀 穀
一 厂 冖 币 币 雨 雨 雨 雨

9月 **11日**

主 張
7급 4급

主張

임금/주관 **주**   베풀/드러낼 **장**

풀이와 예시

★ 주장: 자기 의견을 굳게 내세움.

토론에서 **주장**을 굽히지 않았다.

어휘력 더하기

★ 주인(主人): 집안의 책임자. 또는 물건의 임자.
★ 과장(誇張): 사실보다 불려서 나타냄.

획순

丶 亠 主 主
弓 引 引 張 張 張 張 張

4月

20日

장애인의 날

교과서 한자어 **7급**

體 驗
준6급 준4급

體驗

몸/체험할 **체**   시험/경험 **험**

풀이 체험: 본인이 스스로 겪거나 경험함.
예시 경주에 있는 불국사로 **체험** 학습을 갔다.

획순

體

驗

9月 10日 氣力
준7급 준7급

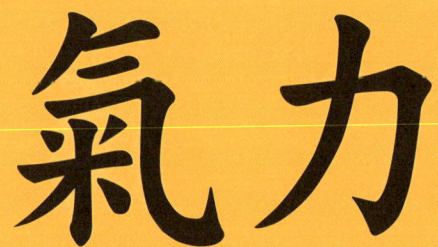

기운 기   힘 력(역)

풀이와 예시

* 기력: 사람의 몸이 활동할 수 있도록 하는 정신과 몸의 힘.

기운이 없을 때는 잠을 잘 자야 **기력**을 회복할 수 있다.

어휘력 더하기

* 기운(氣運): 어떤 일이 벌어지려고 하는 분위기.
* 중력(重力): 지구 위의 물체가 지구로부터 받는 힘.

획순

丶 ⺍ 气 气 气 氕 氖 氣 氣
フ 力

4月 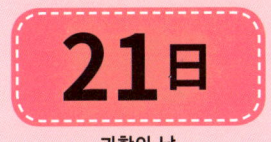 과학의 날

교과서 한자어 **준5급**
固 體
5급 준6급

固體

굳을 고   몸/물체 체

풀이 고체: 나무, 돌, 쇠처럼 일정한 모양과 부피를 지녀 쉽게 변하지 않는 상태의 물체.

예시 **고체**는 쉽게 변하지 않지만 얼음 같은 고체는 액체가 되기도 한다.

획순
丨 冂 冃 冃 冃 冃
周 固

丨 冂 冂 日 日 甼 甼
骨 骨 骨 骨 骨 骨 骨
體 體 體 體 體 體

9月  九 段
8급 4급

九九段

아홉 **구**　　아홉 **구**　　층계 **단**

풀이 구구단: 1에서 9까지 수를 곱해 값을 나타내는 곱셈 기초 공식.
예시 **구구단**을 외면 곱셈이 쉬워진다.

획순
ノ 九
′ 丆 丆 乍 乍 乍 卢 臾 段 段

4月 22日

정보통신의 날

교과서 한자어 5급

比 較
5급 준3급

比較

견줄 비   견줄/비교할 교

풀이와 예시

* 비교: 둘 이상의 사물을 견주어 비슷한 점이나 차이점을 알아봄.

> 필통을 사려고 여러 문구점에서 가격을 비교해 보았다.

어휘력 더하기

* 대비(對比): 서로 맞대어 비교 함.
* 일교차(日較差): 기압, 습도 따위가 하루 동안 변화하는 차이.

획순

一 ㄅ ㄫ 比

一 ㄈ ㅎ 百 百 亘 車 車 軒 軒 軒 較

9月 **8日**

교과서 한자어 **7급**
配 列
준4급 준4급

配列

나눌 **배** 벌일 **렬(열)**

풀이 배열: 일정한 차례나 간격에 따라 나누어 둠.
예시 가나다 순으로 책을 **배열**했다.

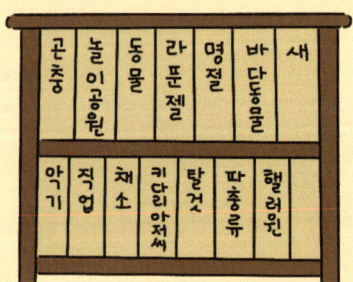

획순
一 丆 丌 丏 丙 酉 酉 酉 配 配
一 丆 歹 歹 列 列

4月  冊
4급

책 책

풀이와 예시

* 책: 지식이나 감정을 종이에 표현해 인쇄한 뒤 엮은 것.

나는 도서관에서 **책** 읽는 것을 좋아한다.

어휘력 더하기

* 책상(冊床): 공부하거나 일할 때 쓰는 상.
* 공책(空冊): 글을 쓰도록 빈 종이로 매어 놓은 책.

획순

丿 冂 刋 冊 冊

9月 7日 青 天
8급 7급

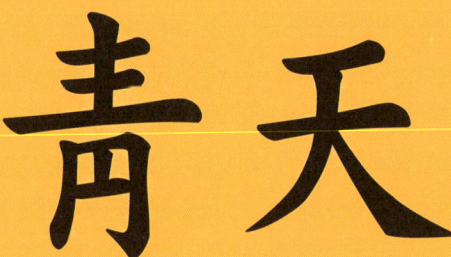

푸를 청 하늘 천

풀이와 예시

★ 청천: 푸른 하늘.

청천에 구름 모이듯 푸른 하늘의 날 행사에 많은 사람이 모였다.

어휘력 더하기

★ 단청(丹靑): 옛날 집 벽이나 기둥에 여러 빛깔로 그린 무늬.
★ 천지(天地): 하늘과 땅.

획순

一 二 キ 圭 丰 青 青 青
一 二 チ 天

4月 **24**日

運河
준6급 5급

運河

옮길 운   물 하

풀이 운하: 배가 다닐 수 있도록 육지에 파 놓은 물길.
예시 운하 덕분에 많은 양의 짐을 빨리 옮길 수 있었다.

획순
一 冖 冖 宀 㡰 㡰 冒 冒 宣 軍 軍 渾 運
丶 ㇀ 氵 汀 沪 沪 河 河

9月 **6日**

교과서 한자어 **6급**
重　要
7급　준5급

重要

무거울/귀중할 **중**　　요긴할 **요**

풀이 중요: 귀중하거나 꼭 필요함.
예시 결혼반지는 엄마한테 **중요**한 물건이다.

획순
一 ㅜ 亼 亩 亩 旨 盲 宣 重 重
一 丆 巧 襾 西 严 要 要 要

4月

25日

법의 날

교과서 한자어 **5급**

生 態 系
8급 준4급 4급

生態系

날/살 생   모습/상태 태   맬/이을 계

풀이 생태계: 어느 환경에서 사는 생물과 생물이 사는 환경을 이루는 체계.

예시 **생태계** 속 동식물은 먹이사슬로 연결되어 있다.

획순

丿 𠂉 ⺧ 牛 生

⺁ 厶 ⺈ 育 育 育 育
能 能 能 能 能 態

一 宀 幺 玄 系 系 系

9月  八 景
8급 5급

八 景

여덟 **팔**　　볕/경치 **경**

풀이 팔경: 어떤 지역에서 뛰어나게 아름다운 여덟 군데 경치.
예시 강원도 동해안에서 경치 좋은 여덟 곳을 관동**팔경**이라고 한다.

관동팔경 중 하나인 총석정!

획순　　／八　 　一 冂 日 日 旦 昱 昱 景 景 景 景 景

4月 **26日**

先 祖
8급 7급

先祖

먼저 선   할아버지 조

풀이와 예시

* 선조: 할아버지 위에 있는 먼 조상.

우리는 선조들이 지켜 낸 땅에서 살고 있다.

어휘력 더하기

* 선배(先輩): 학교나 직장을 먼저 들어오거나 거쳐간 사람.
* 원조(元祖): 첫 대의 조상. 또는 어떤 일을 처음 시작한 사람.

획순

丿 ㅓ 누 生 先 先
丶 ㄱ ㅓ ㅓ 礻 初 初 袓 袓 祖

9月 　 **4**日 　 毅 然
　　　　　　　　　　1급 7급

毅然

굳셀 **의** 　　　그럴 **연**

풀이와 예시

★ 의연: 의지가 굳세어서 끄떡없음.

국가대표 선수가 **의연**한 태도로 경기를 치뤘다.

어휘력 더하기

★ 충의(忠毅): 충성스럽고 꿋꿋함.
★ 정연(井然): 짜임새와 조리가 있다.

획순

毅
然

4月 **27日**

교과서 한자어 **5급**
輸 入
준3급 7급

輸 入

보낼/나를 **수**   들 **입**

풀이 수입: 다른 나라로부터 상품이나 기술 등을 국내로 사들임.
예시 외국에서 향신료를 **수입**했다.

획순
一 ｢ 亓 亓 百 亘 車 軒
軒 軒 軒 軒 輸 輸 輸 輸   ノ 入

9月 　 **3日** 　 烈 士
　　　　　　　　　　　4급　준5급

매울/굳셀 **렬(열)**　선비 **사**

풀이와 예시

★ 열사: 나라를 위해 의리를 지키며 충성을 다해 싸운 사람.

유관순 **열사**는 독립을 위해 만세 운동을 했다.

어휘력 더하기

★ 격렬(激烈): 말이나 행동이 세차고 거셈.
★ 박사(博士): 어떤 분야의 학문에서 높은 학위를 받은 사람.

획순

一 丆 歹 歹 列 列 烈 烈 烈
一 十 士

4月

28日

충무공 이순신 탄신일

교과서 한자어 **5급**

輸　出
준3급　7급

輸 出

보낼/실어낼 **수**　　날 **출**

풀이 수출: 국내에서 만든 상품이나 기술을 외국에 판매함.
예시 지난해 우리나라 반도체 **수출**량이 최고치를 기록했다.

획순 一 厂 F 佇 盲 亘 車 軎 軩 軩 軩 輪 輪 輪 **輸**
　　　　　　　丨 屮 屮 出 **出**

9月 2日

교과서 한자어 **6급**

姿 勢
4급 준4급

姿 勢

모양 **자**   형세 **세**

풀이 자세: 몸을 움직이거나 가누는 모양.
예시 건강을 위해서 바른 **자세**로 앉았다.

획순

丶 冫 汁 次 次 姿 姿
一 十 土 キ 幸 坴 埶 埶 勢 勢

4月 | **29日** | 교과서 한자어 **5급**
社會
준6급 준6급

모일 **사**   모일 **회**

풀이와 예시

* 사회: 마을, 회사, 국가 등 공동 생활을 함께하는 형태나 집단.

사회는 다양한 개성을 지닌 사람으로 구성되어 있다.

어휘력 더하기

* 입사(入社): 회사에 취직함.
* 회의(會議): 여럿이 모여 의논함.

획순

丶 亠 亣 亦 礻 社 社
丿 人 人 亼 亽 合 命 侖 侖 會 會 會

9月 **1日**

學期

배울 **학** 기약할/때 **기**

풀이 학기: 한 학년 동안을 필요에 의해 나눈 기간.
예시 2**학기**에는 학교생활을 열심히 하기로 다짐했다.

획순

4月 　 30日 　 교과서 한자어 5급

税金
준4급　8급

税金

세금 세　　　쇠/돈 금

풀이와 예시

* 세금: 국가가 경비로 사용하려고 국민으로부터 거두어 들이는 돈.

국민은 **세금**을 내야 할 의무가 있다.

어휘력 더하기

* 과세(課稅): 세금을 매김.
* 금액(金額): 돈의 액수.

획순

丿 一 二 千 禾 禾 禾 秒 秒 秒 秒 秒 税
丿 人 人 今 全 全 金 金

8月 **31日** 滅種 준3급 준5급

滅種

꺼질/멸할 **멸**　　씨/종류 **종**

풀이 멸종 : 생물의 한 종류가 아예 사라짐.
예시 기후변화로 꿀벌이 **멸종**될 위기에 처해 있다.

획순
氵氵氵汀汀汀汀沪沪沪減減減 滅
一二千千千千千和和稻稻稻種 種

5月

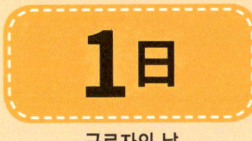

1日
근로자의 날

勤 勞
4급 　준5급

勤 勞

부지런할 근　　**일할 로(노)**

풀이 근로: 부지런히 일함.
예시 회사에서 받는 월급을 **근로** 소득이라고 한다.

획순　一 十 廾 廿 廿 茾 苷 昔 堇 菫 菫 勤 勤
　　　　ˋ ˋ ˊ ˊ ⺌ ⺌ 炏 炏 炒 𤇾 𤇾 勞

8月  洋 弓
6급 준3급

洋 弓

큰 바다/서양 **양**   활 **궁**

풀이 양궁: 서양식으로 만든 활. 표적에 활을 쏴서 점수가 높은 쪽이 이기는 스포츠.

예시 우리나라가 올림픽 **양궁**에서 금메달을 획득했다.

획순
丶 丶 氵 ⺡ 泮 泮 洋 洋 洋
フ ㄱ 弓

5月 **2日**

교과서 한자어 **5급**
規 則
5급 5급

規則

법 규　　　법칙 칙

풀이 규칙: 여러 사람이 다 함께 지키기로 한 법칙.
예시 학교에서 지킬 규칙을 다 함께 정했다.

획순
一 二 ナ 夫 却 却 却 規 規 規 規
丨 冂 冂 月 目 貝 貝 則 則

8月 **29日** 海軍 준7급 8급

바다 해　　　군사 군

풀이 해군: 주로 바다에서 공격과 방어를 수행하는 군대.
예시 대한민국 **해군**은 우리나라 바다를 지킨다.

획순

5月 3日

교과서 한자어 **5급**

自 由
준7급 6급

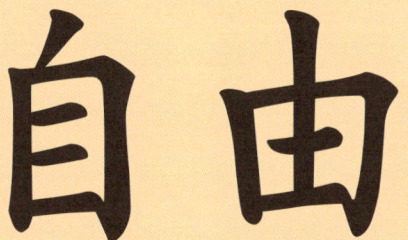

스스로 **자**   말미암을/행할 **유**

풀이 자유: 어떤 것에 얽매이지 않고 자기 마음대로 할 수 있는 상태.
예시 **자유**에는 책임이 뒤따른다.

획순

′ ′ 冂 自 自 自
一 冂 日 由 由

8月 28日 　교과서 한자어 6급
差 4급

다를 차

풀이와 예시

* 차: 어떤 수에서 다른 수를 뺀 나머지.

7과 4의 **차**는 3이다.

어휘력 더하기

* 차이(差異): 서로 같지 않고 다름.

획순

丶 丷 丬 丱 羊 羊 差 差 差

5月 　4日　　　　　　動　物
　　　　　　　　　　　준7급　준7급

動物

움직일 동　　　물건/만물 물

풀이 동물: 생물계의 두 갈래 중 하나. 여러 기관을 지녔으며 식물과 달리 움직임이 자유로움.

예시 고래는 지구에서 가장 큰 **동물**이다.

획순
丿 一 二 千 午 台 盲 盲 重 重 動
丿 亠 牛 牛 牜 物 物 物

8月 **27日** 合 6급

합할 합

풀이와 예시

★ 합: 둘 이상의 수를 더함.

7과 4의 **합**은 11이다.

어휘력 더하기

★ 종합(綜合): 여러 가지를 한 데 모아서 합함.

획순

ノ 人 ᅩ 수 合 合

5月

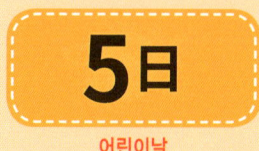

5日
어린이날

兒 童
준5급 준6급

兒童

아이 **아**   아이 **동**

풀이 아동: 나이가 적은 아이.
예시 **아동** 문학가 방정환 선생님이 어린이날을 만들었다.

획순

8月 26日 深海
준4급 준7급

深海

깊을 심   바다 해

풀이 심해: 깊은 바다.
예시 심해에 사는 물고기는 빛을 내는 기관이 있다.

획순
丶丶丶氵氵汈汈泙浐浑深深 深
丶丶丶氵氵汙汀海海海 海

5月 **6日** 人權 8급 준4급

人權

사람 인 저울추/권리 권

풀이와 예시

* 인권: 인간으로서 당연히 가져야 할 권리.

사람한테 **인권**이 있듯이 동물한테도 동물권이 있다.

어휘력 더하기

* 성인(聖人): 일반인보다 뛰어나 본받을 만한 사람.
* 기권(棄權): 투표 같은 권리를 포기함.

획순

ノ 人

一 十 オ オ 木 木 术 村 村 桁 桁
桁 桁 栌 栌 栌 樺 樺 權 權 權

8月  光 合 成
준6급 · 6급 · 준6급

光合成

빛 광　　　합할 합　　　이룰 성

풀이 광합성: 식물이 빛 에너지를 흡수해 유기물을 하나로 이루는 과정.

예시 식물은 **광합성**으로 양분을 만든다.

획순

｜ ｜ ｜ｌ ｜ｌｌ ｜ｌｌ 光

ノ 人 스 슥 合 合

ノ 厂 厂 成 成 成

5月 **7日** 言 語
6급 7급

말씀 언 　　말씀 어

풀이와 예시

★ 언어: 생각이나 느낌 따위를 전달하는 데 쓰는 음성이나 문자.

나라마다 **언어**가 다르다.

어휘력 더하기

★ 선언(宣言): 널리 펴서 말함.
★ 어휘(語彙): 어떤 범위 안에서 쓰이는 단어들.

획순

丶 亠 宀 言 言 言
丶 亠 宀 言 言 言 訂 語 語 語 語

8月 **24日**

교과서 한자어 **5급**
觀 光
준5급 준6급

觀光

볼 **관**   빛 **광**

풀이 관광: 다른 지역의 명승지(경치가 좋은 곳)를 보러 감.
예시 우리나라에 **관광**하러 오는 외국인이 많아졌다.

우리나라도 관광할 곳이 많아.

5月 **8日**

어버이날

교과서 한자어 **6급**
孝 道
준7급 준7급

孝道

효도 **효**　　길 **도**

풀이 효도: 부모를 잘 섬김.
예시 부모에게 **효도**하는 것은 자식의 도리다.

획순
一 十 土 耂 耂 孝 孝
丶 丷 丫 辶 首 首 首 首 道 道 道 道

8月 **23日**

石油

돌 석   기름 유

풀이 석유: 땅속에서 천연으로 나는 기름.
예시 지구에 매장된 **석유**가 점점 줄고 있다.

획순
一 丁 ア 石 石
丶 丶 氵 汀 汩 油 油

5月 9日

교과서 한자어 5급
說 得
준5급 준4급

說得

말씀 설　　얻을 득

풀이 설득: 상대편이 이쪽 편 이야기를 따르도록 깨우치게 말함.
예시 친구들과 놀고 싶어서 부모님을 **설득**했다.

획순 丶 亠 宀 宀 亠 言 言 言 訁 訅 訅 說 說
　　　 丿 彳 彳 彳 彳 彳 彳 得 得 得 得

8月 22日

교과서 한자어 **준5급**
化 石
준5급 6급

化石

될 화 돌 석

풀이 화석: 동식물의 흔적이 오랜 세월 동안 퇴적물에 묻힌 채 남아 있는 것.

예시 보성군에 가면 공룡알 **화석**을 볼 수 있다.

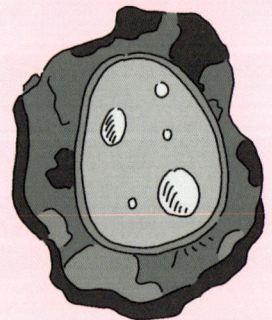

획순
ノ 亻 亻 化
一 ア ズ 石 石

5月  교과서 한자어 **8급**

文 章
7급 6급

유권자의 날

글월 **문** 　　글 **장**

풀이 문장: 생각이나 감정을 말과 글로 나타내는 최소 단위.
예시 일기를 쓰다 보니 **문장** 실력이 늘었다.

넘어져도
괜찮아

획순

　　　　　　　`丶 一 ナ 文`
　`丶 一 ヶ ヶ 立 产 产 音 音 音 章 章`

8月  風 景
준6급 5급

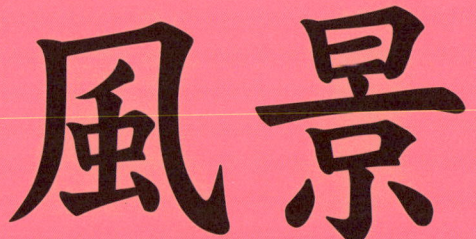

바람/경치 **풍**   볕/경치 **경**

풀이와 예시

* 풍경: 산이나 들, 강이나 바다 등 자연의 모습.

깨끗한 시골 **풍경**에 마음이 편안해졌다.

어휘력 더하기

* 소풍(逍風): 학교에서, 견학할 겸 가는 나들이.
* 경치(景致): 산이나 들, 강이나 바다 등 자연의 모습.

획순

丿 几 凡 凡 凨 凬 凬 風 **風**
丨 冂 日 日 旦 昱 昺 昺 景 景 **景**

5月 **11日**

동학농민혁명 기념일

質 問

바탕 **질**   물을 **문**

풀이 질문: 알고자 하는 바를 얻기 위해 물음.
예시 수업 시간에 모르는 한자가 있어서 **질문**했다.

획순
質: ` ´ ᄼ ᄽ ᄾ ᅎ ᅏ ᅑ ᅒ 質 質 質 質 質
問: ` | ᄀ ᄀ ᄀ ᄀ ᄀ 門 門 門 門 問 問

8月 20日

교과서 한자어 **5급**
想 像
준4급 준3급

想像

생각 상   모양 상

풀이와 예시

★ 상상: 실제가 아닌 현상이나 물건을 마음속으로 그려 봄.

나는 **상상** 속에서 우주 여행을 했다.

어휘력 더하기

★ 환상(幻想): 가능성이 없는 헛된 생각.
★ 초상(肖像): 사람의 모습을 그림이나 사진 따위에 나타냄.

획순

一 十 才 木 利 相 相 相 相 相 想 想 **想**
ノ イ イ´ イ゛ イ゛ 伶 侉 侉 傍 像 像 **像**

5月 12日

교과서 한자어 5급
俗 談
준4급 5급

俗談

풍속/속될 **속**　　말씀 **담**

풀이 속담: 예로부터 경험을 통해 깨달은 교훈을 담은 짧은 말이나 글.

예시 **속담**에는 선조들의 지혜가 담겨 있다.

획순

丿 亻 亻 伀 伀 伀 俗 俗 俗
丶 亠 宀 宀 言 言 言 言 診 診 談 談 談 談

8月 **19日** 風向 준6급 6급

風向

바람 **풍**　　　향할 **향**

풀이 풍향: 바람이 불어오는 방향.
예시 **풍향**이 바뀔 때마다 나무가 이리저리 흔들렸다.

획순
丿 几 凡 凡 凨 凬 風 風 風
丿 丿 冂 向 向 向

5月 **13**日

교과서 한자어 **준4급**

經 驗
준4급 준4급

經驗

지날 **경**   시험 **험**

풀이와 예시

★ 경험: 실제로 해 보거나 겪음.

경험을 통해 새로운 지식을 얻을 수 있다.

어휘력 더하기

★ 경영(經營): 기업이나 사업을 운영함.
★ 실험(實驗): 실제로 해봄.

획순

8月 | **18**日 | 波 濤
준4급 1급

波濤

물결 **파**   물결 **도**

풀이와 예시

★ 파도: 바다에 이는 물결.

집채만 한 **파도**가 들이쳤다.

어휘력 더하기

★ 파동(波動): 물결의 움직임.
★ 질풍노도(疾風怒濤): 빠르게 부는 바람과 무섭게 치는 파도.

획순

丶 亠 冫 氵 氵 汀 沪 波 波
丶 亠 冫 氵 氵 汁 浐 淬 涛 涛 濤 濤 濤 濤

5月 — **14日**

교과서 한자어 **5급**
權 利
준4급 준6급

權利

저울추/권세 **권**   이로울 **리(이)**

풀이와 예시

★ 권리: 어떤 일을 행할 때 당연하게 요구함.

학생으로서의 **권리**를 주장했다.

어휘력 더하기

★ 권세(權勢): 권력과 세력.
★ 편리(便利): 편하고 이용하기 쉬움.

획순

一 十 才 木 杧 杧 杧 栌 栌 栌
榁 槿 槿 椎 椎 權 權 權 權

′ 二 千 千 禾 利 利

8月 **17日**

海 邊
준7급 준4급

海邊

바다 해　　　가 변

풀이 해변: 바닷물과 땅이 서로 닿은 곳.
예시 **해변**에서 조개를 주우며 산책했다.

획순
丶 丶 氵 氵 汒 汇 海 海 海 海
丶 丶 白 白 白 自 自 自 臯 臯 臯 臯 粤 臱 臱 邊 邊

5月  교과서 한자어 **8급**

스승의 날

先　生
8급　8급

먼저 선　　　날 생

풀이 선생: 학생을 가르치는 사람. 보통 선생님으로 높여 부른다.
예시 선생님은 우리들을 사랑으로 가르친다.

획순
丿 ㄏ 屮 生 先 先
丿 ㄏ ㄅ 牛 生

8月  水 泳
8급 3급

물 수   헤엄칠 영

풀이 수영 : 물속을 헤엄침.
예시 수영장에서 생존 **수영**을 배웠다.

획순

丨 刁 水 水
丶 冫 氵 氿 泳 泳 泳

5月 **16日** 교과서 한자어 **5급**

尊 重
준4급 7급

尊重

높을 **존**　　무거울/귀중할 **중**

풀이 존중: 귀중하게 대함.
예시 개성을 **존중**해 주어야 한다.

획순
尊
重

8月

15日
광복절

光 復
준6급 준4급

光復

빛 광   회복할 복

풀이 광복: 빼앗긴 주권을 다시 찾음.
예시 우리나라는 1945년 8월 15일에 **광복**을 맞이했다.

획순
丨 丨 丬 业 光 光
丿 夂 彳 彳 彳 彳 衜 復 復 復 復

5月 **17日**

교과서 한자어 **5급**
歷 史
준5급 준5급

지날 **력(역)**   사기/역사 **사**

풀이 역사: 인류 사회의 변화 과정이나 그 기록.
예시 우리나라는 오천 년 **역사**를 갖고 있다.

획순
一厂厂厂厂厅厅厈厤麻麻麻歷歷歷
丶口口史史

8月 **14**日   韓 國
8급   8급

韓國

한국 **한**   나라 **국**

풀이와 예시

★ 한국: 우리나라인 대한민국을 줄여서 부르는 말.

한국은 역동적인 나라다.

어휘력 더하기

★ 한복(韓服): 우리나라 전통 옷.
★ 미국(美國): 북아메리카 대륙 가운데 있는 나라.

획순

一 十 古 古 古 古 卓 卓 草 軋 軋 韐 韓 韓 **韓**
丨 冂 冂 冋 冋 囗 囶 國 國 國 **國**

5月 **18日**

5.18민주화운동 기념일

교과서 한자어	**5급**
宇	宙
준3급	준3급

宇宙

집/클 **우**   집/무한한 시간 **주**

풀이 우주: 끝없는 시간과 만물을 포함하는 공간 전체.
예시 내 꿈은 **우주** 비행사가 되는 것이다.

획순
`、 宀 宀 宁 宇 宇`
`、 宀 宀 宁 宁 宙 宙`

8月 **13**日

교과서 한자어 **6급**
活 動
준7급 준7급

活動

살 **활**   움직일 **동**

풀이와 예시

★ 활동: 몸을 움직여 행동함. 또는 어떤 일을 하기 위해 힘씀.

다리를 다쳐서 방학동안 **활동**하기 어려웠다.

어휘력 더하기

★ 부활(復活): 죽었다가 다시 살아남.
★ 생동(生動): 생기 있게 살아 움직임.

획순

氵 氵 氵 汀 汗 浐 浐 活 活 活
一 亠 亍 台 台 盲 重 重 動 動

5月 19日

교과서 한자어 **6급**
發 明
준6급 준6급

發明

필**발**　　밝을**명**

풀이 발명: 없던 기술이나 물건을 만들어 냄.
예시 청동기를 **발명**한 뒤 인류 문명이 발달했다.

획순
ㄱ ㅋ 癶 癶 癶 癶 癶 癶 發 發 **發**
丨 刀 月 日 旷 明 明 **明**

8月 **12日**

溪 谷
준3급 준3급

시내 **계**　　골/골짜기 **곡**

풀이 계곡: 물이 흐르는 골짜기.
예시 더위를 피해 **계곡**으로 놀러 갔다.

여름엔 계곡이 최고야!

획순
丶丶氵氵氵氵泙浐浑淫溪溪 溪
丿 八 夂 夂 公 谷 谷

5月 **20**日

교과서 한자어 **5급**
肯 定
3급 6급

肯 定
즐길/옳게 여길 긍   정할 정

풀이와 예시

★ 긍정: 그렇다고 생각해 옳다고 인정함.

친구가 내 의견을 듣고 **긍정**으로 대답했다.

어휘력 더하기

★ 수긍(首肯): 옳다고 인정함.
★ 결정(決定): 태도나 생각을 분명하게 정함.

획순

肯
定

8月 **11**日   青 山
                                       8급 8급

青山

푸를 청   **메 산**

풀이 청산: 풀과 나무가 무성한 푸른 산.
예시 섬진강은 **청산**을 끼고 흐른다.

획순
一 二 キ 主 青 青 青 青
丨 凵 山

5月 **21日**

부부의 날

교과서 한자어 **4급**
實 踐
준5급 준3급

열매/실제 **실**   밟을/실행할 **천**

풀이와 예시

★ 실천 : 생각한 바를 실제로 해냄.

아빠가 금연 약속을 **실천**에 옮겼다.

어휘력 더하기

★ 확실(確實) : 틀림없이 그러함.
★ 천언(踐言) : 말한 대로 실천함.

획순

丶丶宀宀宀宁宵宵實實實實**實**
丶丨口口卩卩严严跃跃践践**踐**

8月 **10日** 中 年
　　　　　　　　　　8급　8급

가운데 **중**　　해/나이 **년**

풀이 중년: 마흔 살 안팎의 나이로 청년과 노년의 중간.
예시 부모님께서 **중년**의 나이에 접어들었다.

획순
ㅣ ㄷ ㅁ 中
ㅣ ㅅ ㄷ ㄷ 드 年

5月 **22日**

교과서 한자어 **준5급**
讓 步
준3급 준4급

사양할/양보할 **양**   걸음/행위 **보**

풀이 양보: 길이나 자리 등을 남에게 미루어 주는 행동.
예시 할머니께 버스 자리를 **양보**했다.

8月  青 年
8급 8급

青 年

푸를/젊을 **청**　　해/나이 **년**

풀이 청년: 신체나 정신이 한창 성장하는 시기에 있는 사람.
예시 **청년**이 되면 하고 싶은 것이 많다.

멋진 청년이 된 나! 어때?

획순　一 二 ㅋ 主 丰 青 青 青
　　　　ノ ヶ ⼆ 느 ㅌ 年

5月 **23日** 郵 便
　　　　　　　　　　　4급　7급

郵 便

우편 **우**　　　편할/소식 **편**

풀이 우편: 편지나 물건을 국내 또는 해외로 보냄.
예시 해외에 사는 사촌한테 **우편**을 보냈다.

획순 　丶 一 亖 兲 픙 乖 垂 垂 郵' 郵
　　　丿 亻 亻 亻 伍 佰 佰 便 便

8月 8日 | 교과서 한자어 7급

計算
준6급 7급

計算

셀/헤아릴 **계**　　셈 **산**

풀이 계산: 수를 헤아림.
예시 수학 문제 **계산**을 잘못해서 다시 풀었다.

획순
`, 亠 ㄴ 亠 言 言 言 計
ノ ㅗ ㅗ ㅗ 竹 竹 竹 笛 笛 笛 笪 算 算

5月 **24**日 便 紙
7급 7급

便紙

편할/소식 **편**   종이 **지**

풀이 편지: 안부나 소식 등을 적어 보내는 글.
예시 전학 간 친구한테 **편지**를 보냈다.

정성스러운 편지를 받으면 좋아하겠지?

획순
丿 亻 亻 仃 仴 佰 佰 便 便
幺 幺 幺 糸 糸 糽 紙 紙

8月 　　　**7日**　　　 立 秋
　　　　　　　　　　　　준7급　7급

立秋

설 립(입)　　　가을 추

풀이와 예시

★ 입추: 24절기 중 하나. 가을이 시작되는 때.

기후변화로 인해 **입추**가 지나도 날씨가 덥다.

어휘력 더하기

★ 입장(立場): 현재 처해진 상황.
★ 춘추(春秋): 봄과 가을.

획순

丶 亠 亠 立 立
丿 二 千 千 禾 禾 秋 秋 秋

5月 25日

교과서 한자어 **준5급**

幸福
준6급 준5급

幸福

다행/행복 **행**　　복 **복**

풀이 행복: 충분한 만족과 기쁨을 느껴 흐뭇한 상태.
예시 부모님과 함께 있어서 **행복**했다.

아~! 행복해.

획순
一 十 土 キ 夫 去 查 幸
、 ラ ネ ネ 礻 祀 衲 祠 袹 福 福 福

8月 / 6日

교과서 한자어 **4급**
尊 嚴
준4급 4급

尊嚴

높을 **존** 　 엄할/엄숙할 **엄**

풀이와 예시

* 존엄: 인물이나 지위가 가까이 갈 수 없을 정도로 엄숙함.

인간은 **존엄**을 잃지 않기 위해 노력해야 한다.

어휘력 더하기

* 자존(自尊): 자기 품위를 스스로 지킴.
* 엄격(嚴格): 말이나 태도가 엄하고 철저함.

획순

尊
嚴

5月 **26日**

교과서 한자어 **4급**
懶 怠
1급 3급

懶 怠

게으를 라(나)　　게으를 태

풀이 나태: 행동이나 성격이 느리고 게으름.
예시 날씨가 따뜻하니 나태해졌다.

가끔 나태할 수도 있지 뭐.

획순
丶 丶 忄 忄 忄 忄
忄 忄 悙 悙 悙 懶 懶
懶 懶 懶 懶 懶 懶

厶 厶 乍 台 台 台 怠
怠 怠

8月 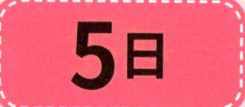 天 然
7급 7급

天然

하늘/자연 **천**   그럴 **연**

풀이 천연: 사람의 힘이 들어가 있지 않은 상태.
예시 **천연** 꿀은 건강에 좋다.

획순
一 二 千 天
ノ ク タ タ タ- 分 狄 狄 狄 然 然 然

5月 **27日** 同 時
7급 준7급

한가지 동   때 시

풀이와 예시

* 동시: 같은 때나 시기.

두 선수가 동시에 결승선을 통과했다.

어휘력 더하기

* 공동(共同): 둘 이상의 사람이 함께 일하거나 관계됨.
* 시기(時期): 어떤 일이 진행되는 순간이나 시간.

획순

丨 冂 冂 冋 同 同
丨 冂 冃 日 旷 旷 旷 時 時

8月 | **4日** | 교과서 한자어 **3급**
森 林
준3급 7급

森林

수풀 **삼**   수풀 **림**

풀이 삼림: 나무가 많이 우거진 숲.
예시 지구와 후손을 위해 **삼림**을 보호해야 한다.

획순
一 十 才 木 杢 产 杂 杂 森 森 森
一 十 才 木 村 村 林

5月 28日

平 穩
준7급 2급

平穩

평평할/편안할 평   **편안할 온**

풀이와 예시

★ 평온: 조용하고 평안한 상태.

전쟁이 끝난 도시에 **평온**이 찾아왔다.

어휘력 더하기

★ 평균(平均): 질이나 양을 고르게 함.
★ 온건(穩健): 생각이나 행동이 바르고 건실함.

획순

一 二 三 平 平
⺍ 千 禾 禾 秆 秆 秆 秆 秤 稚 稚 稳 稳 穩 穩 穩

8月

3日

休 息

쉴 **휴**   쉴 **식**

풀이 휴식: 하던 일을 멈추고 잠깐 쉼.
예시 숙제를 하다가 잠시 **휴식**했다.

계속 휴식하고 싶다.

획순
ノ 亻 亻 仟 休 休
ノ 亻 竹 白 自 自 自 息 息 息

5月 29日

교과서 한자어 **4급**

追 憶
준3급 준3급

追憶

쫓을 **추**   생각할 **억**

풀이 추억: 지나간 일을 돌이켜 보고 생각함.
예시 어릴 때 사진을 보고 **추억**에 잠겼다.

획순
追: ′ ⺆ ⺇ ⺈ 自 自 冶 洎 追 追
憶: ′ ⺁ 忄 忄 忄 忄 忄 忄 憶 憶 憶 憶 憶 憶

8月 **2日**

교과서 한자어 **3급**
沙 漠
준3급 준3급

沙漠

모래 **사**   넓을 **막**

풀이 사막: 비가 내리지 않아 건조하고 모래가 많은 곳.
예시 **사막**에도 낙타나 선인장 같은 동식물이 살고 있다.

획순

5月 30日

교과서 한자어 **5급**

約 束
준5급 준5급

約束

맺을 **약**   묶을/약속할 **속**

풀이와 예시

★ 약속: 다른 사람과 앞으로의 일을 미리 정함.

친구와 수업이 끝난 뒤 만나기로 **약속**했다.

어휘력 더하기

★ 예약(豫約): 미리 약속함.
★ 단속(團束): 주위를 기울여 다잡거나 보살핌.

획순

丿 幺 幺 幺 幺 糸 糸 約 約
一 ㄱ ㄇ 戸 申 束 束

8月 **1日**

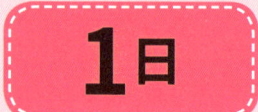

餘暇

남을 여　　틈/한가할 가

풀이 여가: 일이 없어 남는 시간.
예시 엄마는 **여가** 시간에 책을 읽는다.

획순
ノ ノ ト 스 今 今 阝 食 食 飠 飠 飠 飠 餘
丨 冂 日 日 田 即 即 即 即 即 暇

5月

31日

바다의 날

교과서 한자어 **7급**

信 號
준6급 6급

信 號

믿을/소식 **신**   이름/부호 **호**

풀이 신호: 일정한 부호나 표지 등 특정한 내용을 전달함.
예시 산에서 길을 잃으면 구조 **신호**를 보내야 한다.

획순

丿 亻 亻 仁 仨 信 信 信 信

丨 卩 口 号 号 号 号 號 號 號 號

7月 **31日**

교과서 한자어 **3급**

濕 度
준3급 6급

濕度

젖을 **습**   법도/정도 **도**

풀이 습도: 공기 가운데 수증기가 들어 있는 정도.
예시 장마철에는 **습도**가 높다.

획순

丶 冫 氵 沪 沪 沪 沪 沪 浔 浔 浔 浔 浔 濕 濕 濕

丶 亠 广 广 庐 庐 度

6月 1日

의병의 날

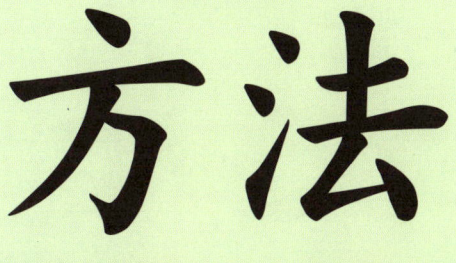

모/방법 **방**   법 **법**

풀이 방법: 어떤 일을 하기 위해 취하는 수단이나 방식.
예시 소화기 사용 **방법**을 알고 있어서 재빨리 불을 껐다.

획순

　 丶 亠 宀 方
丶 丶 冫 氵 汁 法 法 **法**

7月 **30**日   長 足
8급   준7급

길/나아갈 **장**   발/이룰 **족**

풀이 장족: 사물의 발전이나 진행이 매우 빠름.
예시 영어 실력이 **장족**으로 발전했다.

획순

6月 **2日** 平 和
준7급 준6급

평평할/화목할 **평**　화할 **화**

풀이 평화: 평온하고 화목한 상태.
예시 **평화**를 위해 전쟁을 멈춰야 한다.

획순
一 一 亠 亍 平
丿 二 千 禾 禾 和 和

7月 **29日**

교과서 한자어 **5급**
協 同
준4급　7급

協 同

화합할 **협**　　한가지/합칠 **동**

풀이 협동: 서로 마음과 힘을 하나로 합함.
예시 벌이나 개미는 **협동**을 잘하는 곤충이다.

획순
一 十 十 𠁁 𠀭 恊 協 協
丨 冂 冂 冋 同 同

6月   3日   교과서 한자어 **5급** / 廣 告 / 준5급 준5급

넓을 광   고할 고

풀이와 예시

* 광고: 세상에 널리 알림.

좋아하는 아이돌이 음료수 **광고**를 찍었다.

어휘력 더하기

* 광야(廣野): 너른 들.
* 보고(報告): 일의 내용이나 결과를 말이나 글로 알림.

획순

广 广 广 广 广 庐 庐 庐 庐 庐 庐 庸 廣 廣

丿 匕 匕 生 生 告 告

7月 28日

교과서 한자어 **5급**
創 意
준4급 준6급

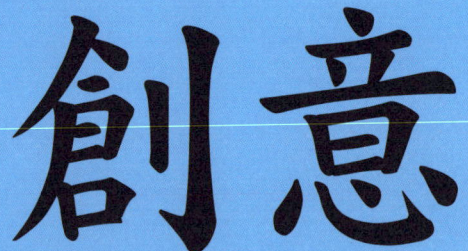

비롯할/만들 창 　　 뜻 의

풀이와 예시

★ 창의: 새로운 의견을 생각해 냄.

나는 **창의**적인 활동을 좋아한다.

어휘력 더하기

★ 창조(創造): 전에 없던 것을 새로 만듦.
★ 의의(意義): 말이나 글의 속뜻.

획순

6月 4日

교과서 한자어 **3급**

把 握
3급 2급

把握

잡을 **파**   쥘 **악**

풀이와 예시

★ 파악: 어떤 대상의 내용을 확실히 알게 됨.

상대방을 **파악**하기 위해 행동을 관찰했다.

어휘력 더하기

★ 파수(把守)꾼: 경계하여 지키는 사람.
★ 장악(掌握): 무엇을 마음대로 할 수 있게 됨.

획순

一 十 扌 扌 扒 把 把
一 十 扌 扌 扩 护 护 护 押 握 握 握

7月 **27日**
유엔군 참전의 날

교과서 한자어 5급
討 議
4급 준4급

칠/탐구할 **토**   의논할 **의**

풀이와 예시

★ 토의: 어떤 문제에 대해 검토하고 협의함.

토의를 통해 청소 당번을 정했다.

어휘력 더하기

★ 검토(檢討): 어떤 사실이나 내용을 분석해서 따짐.
★ 문의(問議): 물어서 의논함.

획순

丶 一 二 亖 言 言 言 言 計 討
丶 一 二 亖 言 言 訁 訁 訁 訁 詳 詳 詳 議 議 議

6月 5日

교과서 한자어 5급
環　境
4급　준4급

環境

고리/두루 미칠 **환**　　지경 **경**

풀이 환경: 생물에게 영향을 주는 자연 조건이나 사회 상황.
예시 재활용으로 **환경**을 보호할 수 있다.

획순
環: 一 = Ŧ Ŧ 王 玗 玗 垾 挦 珇 珇 瑻 瑻 環 環
境: 一 + 土 丰 圹 圹 垃 垃 培 培 境 境

7月 26日

교과서 한자어 5급
超 過
준3급 준5급

超過

뛰어넘을 초　　지날 과

풀이 초과: 일정한 수나 기준을 넘음.
예시 엘리베이터 정원이 **초과**되었다.

획순
一 十 土 丰 丰 非 走 起 起 起 超 *超*
１ 冂 冂 円 円 門 咼 咼 咼 過 過 過 *過*

6月  顯 忠 日
4급 준4급 8급

현충일

顯 忠 日

나타날/드러낼 현　　**충성 충**　　**날 일**

풀이 현충일: 나라를 위해 싸우다 돌아가신 선열들의 충성을 기리는 날.

예시 현충일에는 국기를 조기 게양한다.

획순

丶 冂 冂 日 尸 昆
昆 昆 昆 昆 昆 昆
昆 昆 㬎 㬎 顯 顯
顯 顯 顯

丶 冂 冂 中 中 忠 忠
忠

丨 冂 冂 日

7月 25日 교과서 한자어 6급

區間
6급 준7급

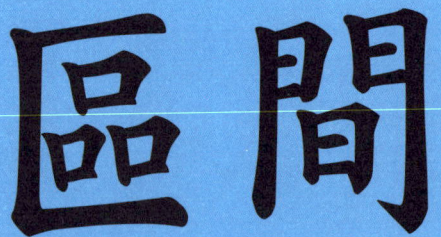

구분할 구　　　사이 간

풀이와 예시

* 구간: 어떤 지점과 다른 지점의 사이.

좋아하는 노래의 후렴 **구간**만 되풀이해서 들었다.

어휘력 더하기

* 구청(區廳): 구의 행정 업무를 맡아보는 기관.
* 간격(間隔): 공간이나 시간적으로 벌어진 사이.

획순

一　丁　产　户　呙　品　品　品　品　區
丨　冂　冂　冃　門　門　門　門　間　間

6月 7日

교과서 한자어 **6급**

朗 誦
준5급 3급

朗誦

밝을/소리 높이 낭(랑)   외울 송

풀이 낭송: 크게 소리 내어 글을 읽거나 욈.
예시 부모님 앞에서 자작시를 낭송했다.

획순
丶 亠 亡 亡 良 良 朗 朗 朗 **朗**
丶 亠 宀 亠 言 言 訁 訁 訁 誦 誦 **誦**

7月 **24日** 교과서 한자어 **6급**
着 陸
준5급 준5급

着陸

붙을/다다를 **착** 뭍 **륙(육)**

풀이 착륙: 비행기 따위가 공중에 있다가 판판한 곳에 내림.
예시 비행기가 활주로에 **착륙**했다.

획순
丶 丷 䒑 䒑 䒑 䒑 羊 羊 着 着 着 **着**
ㄱ ㄹ ㅏ ㅏ ㅏ 陸 陸 陸 陸 陸 **陸**

6月 **8日** 교과서 한자어 **5급**

尖端
3급 준4급

尖端

뾰족할/정상 **첨**　끝/처음 **단**

풀이 첨단: 뾰족한 끝. 또는 한 시대 생각이나 학문 따위의 맨 앞장.
예시 한국 문화가 유행의 **첨단**을 걷고 있다.

획순
丨 丨 小 小 尖 尖
丶 亠 亠 产 立 立 단 단 단 端 端 端

7月　**23日**　　海　外
　　　　　　　　　준7급　8급

海外

바다 해　　　바깥 외

풀이 해외: 다른 나라를 이르는 말.
예시 처음으로 해외 여행을 가게 됐다.

내가 해외에 와 보다니!

획순　丶 丶 氵 氵 汇 汇 海 海 海 海
　　　　ノ ク タ 外 外

6月 **9日** 強弱
6급 준6급

強弱

강할 **강**   약할 **약**

풀이 강약: 강하고 약한 것을 아우르는 말.
예시 북을 칠 때는 **강약**을 잘 조절해야 한다.

획순
ㄱ ㄲ 弓 弓 弱 弱 弱 弱 弱 弱
ㄱ ㄲ 弓 弓 弱 弱 弱 弱 弱 弱

7月 | **22日** | 교과서 한자어 **5급**
旅 行
준5급 6급

旅行

나그네/여행할 려(여)　　**다닐 행**

풀이 여행: 일이나 구경을 위해 다른 곳으로 떠남.
예시 방학 때 가족과 **여행**을 가기로 했다.

여행은 언제나 즐거워.

획순
丶 亠 方 方 方 方 旅 旅 旅
丿 彳 彳 彳 行 行 行

6月  恩 惠
준4급 준4급

6.10 민주항쟁 기념일

恩惠

은혜 은   은혜 혜

풀이와 예시

* 은혜: 고맙게 베풀어 주는 신세나 혜택.

《은혜 갚은 까치》는 우리나라 전래동화이다.

어휘력 더하기

* 보은(報恩): 은혜를 갚음.
* 혜택(惠澤): 은혜와 덕택.

획순

7月 　　21日　　　교과서 한자어 **4급**
　　　　　　　　　情　緒
　　　　　　　　　준5급　준3급

情緒

뜻/마음의 작용 **정**　　실마리 **서**

풀이와 예시

★ 정서: 사람 마음에 일어나는 여러 감정.

예술을 많이 접하면 **정서**가 풍부해진다.

어휘력 더하기

★ 애정(愛情): 사랑하는 마음.
★ 단서(端緒): 문제를 해결하는 방향으로 이끌어 가는 첫 부분.

획순

丶 丶 忄 忄 忄 忄 忄 情 情 情
㇀ ㇀ 幺 幺 糸 糸 紅 紗 紗 紗 緒 緒 緒

6月 **11日** 清 廉
준6급 3급

清廉

맑을/탐욕 없을 청   청렴할 렴(염)

풀이와 예시

★ 청렴: 욕심이 없고 행실이 맑음.

나랏일을 하는 사람은 **청렴**해야 한다.

어휘력 더하기

★ 청소(淸掃): 더러운 것을 쓸고 닦아서 깨끗하게 함.
★ 염치(廉恥): 부끄러움을 아는 마음.

획순

丶 氵 氵 汀 洰 清 清 清 清 清 *清*
丶 广 广 广 产 庐 庐 庐 庪 廉 廉 *廉*

7月 **20日** 理 解
준6급 준4급

理解

다스릴/깨달을 리(이)　풀/깨달을 해

풀이와 예시

★ 이해: 사리를 분별할 줄 알거나 깨달음.

아는 어휘가 많아지니 수업 내용이 **이해**되었다.

어휘력 더하기

★ 이성(理性): 느끼는 것과 비교되는 인간의 능력.
★ 해석(解釋): 내용을 이해하고 설명함.

획순

一 二 干 王 玛 玥 理 珅 理 理 **理**
ノ ク 产 角 角 角 角 解 解 解 解 **解**

6月   **12日**   교과서 한자어 **준5급**

國 寶
8급 준4급

國寶

나라 국   보배 보

풀이 국보: 나라에서 법으로 보호하는 문화재.
예시 숭례문은 우리나라 국보이다.

획순

7月 **19日** 放 學
준6급 8급

放 學

놓을 **방**　　　배울 **학**

풀이 방학: 일정 기간 동안 수업을 쉼.
예시 즐거운 여름**방학**이 시작됐다.

획순
`、 一 亍 方 方 方 放 放`
`, ´ F F F F' F' F' F' 臼 臼 臼 闕 與 與 學`

6月 **13日** 文化 7급 준5급

文化

글월 **문**　　　될 **화**

풀이 문화: 한 사회 사람들이 가진 생활 양식이나 예술.
예시 나라마다 고유의 문화가 있다.

우리 문화는 멋스러워.

획순
　　　丶 亠 亠 文
　　　ノ 亻 亻 化

7月 **18日** 교과서 한자어 **5급**

樂器
준6급 준4급

樂器

노래 **악**　　그릇/도구 **기**

풀이 악기: 음악을 연주할 때 쓰는 기구.
예시 취미로 여러 가지 **악기**를 배우고 있다.

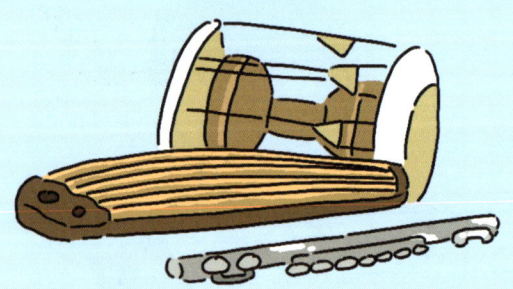

획순 ´ ´´ ´´ ´´ ´´ ´´ ´´ ´´ 樂 樂 樂 樂
口 口 口 吅 吅 哭 哭 哭 哭 哭 器 器 器 器

6月 **14**日

代 表
준6급 준6급

代表

대신할 **대**　　겉 **표**

풀이 대표: 전체 상태를 하나로 잘 나타냄.
예시 우리나라 국가 **대표**가 금메달을 획득했다.

획순
ノ 亻 仁 代 代
一 二 キ 主 主 耒 耒 表

7月 **17日**
제헌절

制 憲
준4급 4급

制 憲

절제할/만들 **제**   법 **헌**

풀이 제헌: 헌법을 만들어서 정함.
예시 헌법은 **제헌** 이후에도 바뀔 수 있다.

획순
丿 厂 生 生 牛 朱 制 制
丶 宀 宀 宀 宀 宀 宝 宝 害 宝 害 宝 害 憲 憲 憲

6月 15日

교과서 한자어 5급

秩序
준3급 5급

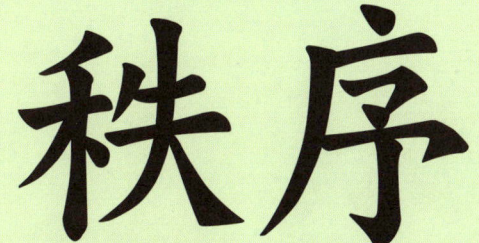

차례 질 차례 서

풀이 질서: 혼란 없이 순조롭게 이루어지는 순서.
예시 사람이 많은 곳에서는 **질서**를 잘 지켜야 한다.

획순: 秩 / 序

7月 16日

교과서 한자어 5급
以 上
준5급 준7급

以上

써/부터 **이**　　윗 **상**

풀이와 예시

* 이상: 수량이나 정도가 기준보다 많거나 나음.

한자 시험은 70점 **이상**이면 합격이다.

어휘력 더하기

* 이하(以下): 수량이나 정도가 기준보다 적음.
* 비상(飛上): 날아 오름.

획순

丨 丨 丿 以 以
丨 丨 上

6月 16日 公平 준6급 준7급

公平

공평할 공　　**평평할 평**

풀이 공평: 어느 쪽으로도 치우치지 않고 고름.
예시 부모님은 나와 동생을 **공평**하게 대한다.

획순

ノ 八 公 公
一 二 丁 平 平

7月 **15**日   교과서 한자어 **5급** / 政治 준4급 준4급

政治

정사 **정**   다스릴 **치**

풀이 정치: 나라를 다스리는 일.

예시 **정치**는 사람들 생각이 다르거나 다툼이 생겼을 때 해결하는 일이기도 하다.

획순
一 丁 下 正 正 正 政 政 政
丶 丶 氵 汁 治 治 治 治

6月 17日

교과서 한자어 3급

智 慧
4급　준3급

智慧

슬기 **지**　　슬기로울 **혜**

풀이와 예시

★ 지혜: 사물의 이치를 빨리 깨닫는 정신적 능력.

할머니한테는 삶의 **지혜**가 있다.

어휘력 더하기

★ 예지(叡智): 사물의 이치를 꿰뚫어 보는 지혜로운 마음.
★ 혜안(慧眼): 사물을 꿰뚫어 보는 안목.

획순

丿 ㅑ 亠 乍 知 知 知 知 知 智 智 智

一 二 三 丰 圭 圭 圭 圭 彗 彗 彗 慧 慧

7月 — **14日** — 교과서 한자어 **4급** 常識 준4급 준5급

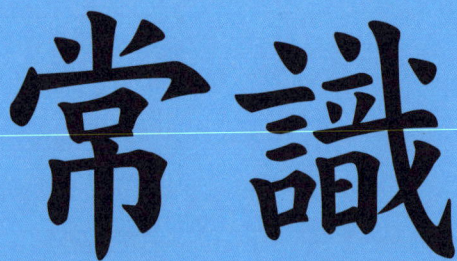

떳떳할/평범할 **상**   알 **식**

풀이와 예시

★ 상식: 보통 알고 있거나 알아야 할 지식.

무단 횡단은 **상식**에 어긋나는 행동이다.

어휘력 더하기

★ 정상(正常): 문제없이 제대로인 상태.
★ 무식(無識): 배우지 않아 아는 것이 없음.

획순

丶 丨 丬 ⺌ 当 尚 尚 尚 常 常
丶 亠 言 言 言 言 訁 訁 訁 詰 請 請 識 識 識

6月 **18**日   容 恕
준4급 준3급

容恕

얼굴/받아들일 용   용서할 서

풀이와 예시

* 용서: 남의 잘못을 벌하지 않고 받아들임.

동생이 아끼는 장난감을 망가뜨렸지만 **용서**했다.

어휘력 더하기

* 관용(寬容): 남의 잘못을 너그럽게 용서함.
* 해서(海恕): 바다처럼 넓은 마음으로 용서함.

획순

丶 宀 宀 宀 宓 宓 宓 容 容
乚 女 女 如 如 如 恕 恕 恕

7月 13日

교과서 한자어 5급
貯 金
5급 8급

貯金

쌓을 저   쇠/돈 금

풀이와 예시

✱ 저금: 돈을 일정한 곳에 모아 둠.

어릴 때부터 받은 세뱃돈을 계속 **저금**했다.

어휘력 더하기

✱ 저장(貯藏): 물건 따위를 모음.
✱ 금융(金融): 이자를 얻거나 필요에 의해 돈을 거래하는 일.

획순

丨 冂 冃 月 目 目 貝 貝 貯 貯 貯 貯
丿 人 入 仐 仐 全 全 金

6月 　　19日　　　地球
　　　　　　　　　　7급　준6급

地球

땅 **지**　　　공 구

풀이 지구: 인간이 사는 천체, 태양계 세 번째 행성.
예시 **지구**는 약 45억 년 전에 만들어졌다.

획순
一十土 圵 地地
一 二 f 王 J 环环环球球球

7月 12日

교과서 한자어 5급
投資
4급 4급

投資

던질 **투**   재물 **자**

풀이 투자: 이익을 얻기 위해 돈, 시간 등을 쏟음.
예시 부모님은 교육에 아낌없이 **투자**했다.

획순
一 十 扌 扌 扩 护 投 投
丶 冫 汈 汝 次 咨 咨 咨 资 資 資

6月 **20日**

교과서 한자어 **3급**
福 祉
준5급 1급

福 祉

복**복**   복**지**

풀이 복지: 행복한 삶. 또는 나라에서 국민에게 주는 혜택.
예시 **복지**가 잘 되어 있는 나라가 행복한 나라다.

획순
丶 亠 亍 礻 礻 初 祀 祀 祸 祸 福
丶 亠 亍 礻 礻 礻 补 补 祉

7月 11日

교과서 한자어 **3급**

汚 染
3급 준3급

汚染

더러울 **오**   물들 **염**

풀이 오염: 더럽게 물들거나 더러워짐.
예시 해양 쓰레기 때문에 바다가 **오염**되었다.

획순

丶 亠 氵 汙 汚 汚
丶 亠 氵 汋 汎 汱 染 染 染

6月 **21**日

교과서 한자어 **7급**
發 音
준6급 준6급

필**발**　　　소리**음**

풀이 발음: 소리를 냄. 또는 그 소리.
예시 아나운서는 정확한 **발음**으로 뉴스를 전달한다.

획순

7月 **10日** 雨 傘
준5급 2급

비 우 　　우산 산

풀이 우산: 비가 올 때 펴서 비를 막는 도구.
예시 아빠가 **우산**을 들고 마중 나왔다.

획순
一 丆 丏 雨 雨 雨 雨 雨
丿 八 人 仐 仐 仐 仐 仐 仐 仐 傘

6月 **22日**

교과서 한자어 **5급**

妥 協
3급 준4급

온당할 **타**   화합할 **협**

풀이와 예시

★ 타협: 어떤 일을 서로 양보해서 협의함.

엄마와 게임하는 시간을 타협했다.

어휘력 더하기

★ 타당(妥當): 일의 이치가 옳음.
★ 협조(協助): 힘을 보태어 도움.

획순

妥
協

7月 9日

교과서 한자어 **5급**

分 布
준6급 준4급

나눌 **분**   베/펼 **포**

풀이 분포 : 일정한 범위에 흩어져 있음.
예시 문화유적 **분포** 지도를 보고 문화재를 찾아갔다.

획순

丿 八 分 分
丿 ナ 才 右 布

6月　　　**23日**　　　교과서 한자어 **5급**
　　　　　　　　　　　　　原 因
　　　　　　　　　　　　　5급 5급

原因

언덕/근본 **원**　　　인할 **인**

풀이와 예시

* 원인: 어떤 사물이나 상태를 변하게 만든 근본적인 일.

경찰이 사건 **원인**을 조사했다.

어휘력 더하기

* 원리(原理): 사물의 근본이 되는 이치.
* 인과(因果): 원인과 결과.

획순

丿 厂 厂 厂 庐 庐 盾 原 原 原
丨 冂 冂 冈 冈 因

7月 | 8日

교과서 한자어 **5급**
態 度
준4급 6급

態度

모습 **태**　　법도/모양 **도**

풀이 태도: 몸이나 동작의 모양새.
예시 상대방 이야기를 들을 때는 **태도**가 중요하다.

획순
ノ ㄥ 厶 亻 台 育 育 育 能 能 能 能 能 態
丶 亠 广 广 庐 庐 庐 度 度

6月 24日

교과서 한자어 **6급**
結 果
준5급 준6급

結果

맺을 **결**   실과/열매 **과**

풀이와 예시

★ 결과: 열매를 맺음. 또는 어떤 원인으로 인한 끝의 상태.

> 어떤 일이든 원인과 **결과**가 있다.

어휘력 더하기

★ 결론(結論): 말이나 글의 끝을 맺는 부분.
★ 효과(效果): 어떤 행위에 의해 드러나는 결과.

획순

′ ＜ ＜ ≤ 幺 糸 糸 糺 紶 結 結 **結**
丨 冂 曱 日 旦 甲 果 **果**

7月 7日

說 明
준5급 준6급

說明

말씀 **설**　　밝을/밝힐 **명**

풀이와 예시

★ 설명: 어떤 일이나 내용을 잘 알 수 있도록 말함.

선생님께 질문하면 친절하게 **설명**해 주신다.

어휘력 더하기

★ 전설(傳說): 옛날부터 전해 내려오는 이야기.
★ 변명(辨明): 어떤 잘못이나 실수에 대해 구실을 대며 말함.

획순

丶 一 宀 亠 产 言 言 言 訁 訐 訒 訒 詋 說
丨 冂 月 日 旫 明 明 明

6月 　 **25日**
6.25 전쟁일

교과서 한자어 **5급**
戰　爭
준6급　5급

싸움/전쟁 전　　　다툴 쟁

풀이와 예시

★ 전쟁: 국가나 단체 사이에서 무기를 갖고 싸움.

　전쟁의 상처를 극복하기 위해 노력했다.

어휘력 더하기

★ 전장(戰場): 싸움을 치르는 장소.
★ 논쟁(論爭): 다른 의견을 가진 사람들이 말이나 글로 다툼.

획순

戰
爭

7月 　 **6日** 　 筆記 준5급 준7급

筆記

붓/글씨 **필** 　 기록할/적을 **기**

풀이와 예시

★ 필기: 글씨를 씀. 또는 수업 내용을 받아 적음.

공부할 때 **필기**하면 오래 기억할 수 있다.

어휘력 더하기

★ 연필(鉛筆): 구운 흑연을 나무로 둘러싸서 만든 필기도구.
★ 서기(書記): 회의 때 문서를 맡아보는 사람.

획순

筆
記

6月 　 **26日** 　 南　北
　　　　　　　　　　　8급　8급

南 北

남녘 **남** 　　　 북녘 **북**

풀이 남북: 남쪽과 북쪽을 아우르는 말.
예시 **남북** 정상 회담이 긍정적으로 끝났다.

획순
一 十 广 内 肉 南 甯 南 **南**
丨 丨 𠃊 北 **北**

7月 5日

교과서 한자어 **6급**

商 品
준5급 준5급

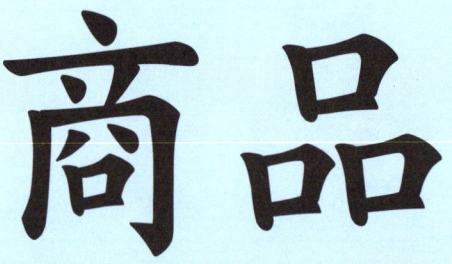

商 品

장사 **상**   물건 **품**

풀이 상품: 사고파는 물건.
예시 문구점에는 학생한테 필요한 여러 가지 **상품**이 모여 있다.

획순
丶 宀 宀 立 产 产 商 商 商 商 **商**
丨 口 口 口 品 品 品 品 **品**

6月 27日

교과서 한자어 **4급**

分 斷
준6급 준4급

分斷

나눌 분 　　 끊을 단

풀이 분단: 동강 나게 끊어 갈라짐.
예시 우리나라는 한국 전쟁 이후 휴전선을 사이에 둔 채 **분단**되었다.

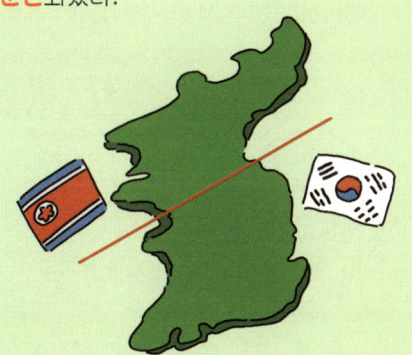

획순
丿 八 分 分
丿 丨 丨 ⺣ ⺣ ⺣ ⺣ ⺣ ⺣ ⺣ ⺣ 斷 斷 斷 斷

7月 4日

교과서 한자어 **5급**

活 用
준7급 준6급

活用

살 **활**   쓸 **용**

풀이 활용: 충분히 잘 이용함.
예시 전화의 등장으로 편지 **활용** 가치가 떨어졌다.

획순
丶 丶 氵 氵 泞 泞 泞 活 活 活
丿 几 月 月 用

6月 | **28日** | 교과서 한자어 **5급**
철도의 날 | 統 一
| 준4급　8급

統一

거느릴/합칠 **통**　　한 **일**

풀이 통일: 나눠진 것을 하나로 합침.
예시 남북 **통일**은 갈려 있던 우리 겨레가 하나되는 일이다.

획순　ノ 幺 幺 幺 糸 糸 紆 紆 統 統
　　　一

7月 　　3日　　　　　反 復
　　　　　　　　　　　준6급 준4급

反復

돌이킬/되풀이할 반 　 회복할/되돌릴 복

풀이 반복: 같은 일을 되풀이 함.
예시 실수를 **반복**하지 않기 위해 노력했다.

반복해서 틀리지 않으려면 반복해서 풀어야 해!

획순
ノ 厂 厂 反
ノ 亠 彳 彳 衤 袔 袹 袹 袹 複 復 復

6月 **29日** 地 上
7급 준7급

地上

땅 **지** 윗 **상**

풀이 지상: 땅의 위.
예시 **지상**에 사는 식물은 땅에 뿌리를 내린다.

획순
一 十 土 圵 却 地
丨 卜 上

7月 **2日** 圖 書
준6급 준6급

그림 **도**   글 **서**

풀이 도서: 글이나 그림을 인쇄해 엮은 것.
예시 부모님과 국제 **도서** 전시회에 다녀왔다.

획순

6月 **30日** 교과서 한자어 **준5급**

反 省
준6급 준6급

反省

돌이킬 **반**   살필 **성**

풀이 반성: 잘못이나 부족한 점은 없는지 돌이켜 봄.
예시 지나친 장난으로 친구를 속상하게 해서 **반성**했다.

진심으로 반성했어. 미안해.

획순

丿 厂 厅 反
丨 亅 小 少 尘 省 省 省 省

7月 　　1日　　　夏 季
　　　　　　　　　7급　4급

여름 **하**　　계절 **계**

풀이 하계: 여름의 시기.
예시 **하계** 수련회에서 물놀이가 가장 즐거웠다.

획순
一 丆 广 百 百 百 百 頁 夏 夏
一 二 千 千 禾 季 季 季